WOHNEN
MIT
LORIOT

DIOGENES

Herausgegeben von Susanne von Bülow, Peter Geyer, O A Krimmel
Buchgestaltung: i_d buero
Barcodegestaltung: Katharina Seebacher/Our Art Is Ltd.

www.diogenes.ch
10/24/68/4
ISBN 978 3 257 02148 6

ZUR MIETE

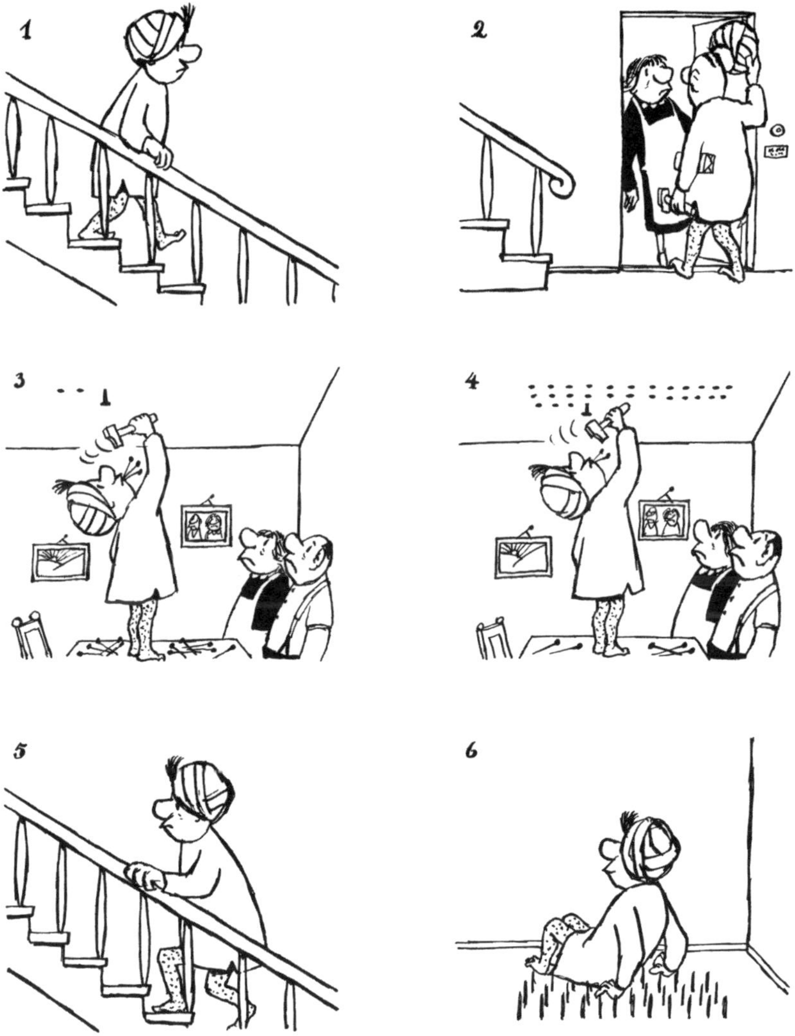

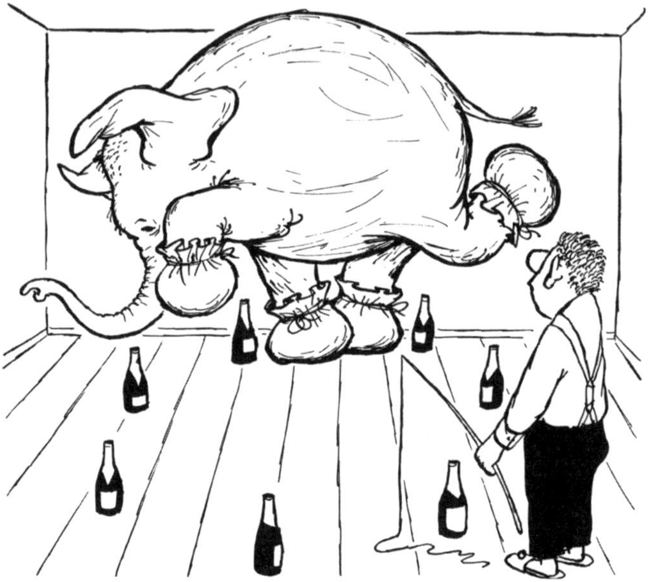

Klaus-Hinrich Pingel (36), Untermieter einer preisgünstigen Bremer Etagenwohnung in Leichtbauweise, sagte: »Vermeidung von Geräuschbelästigung der Nachbarn ist mein oberster Grundsatz.«

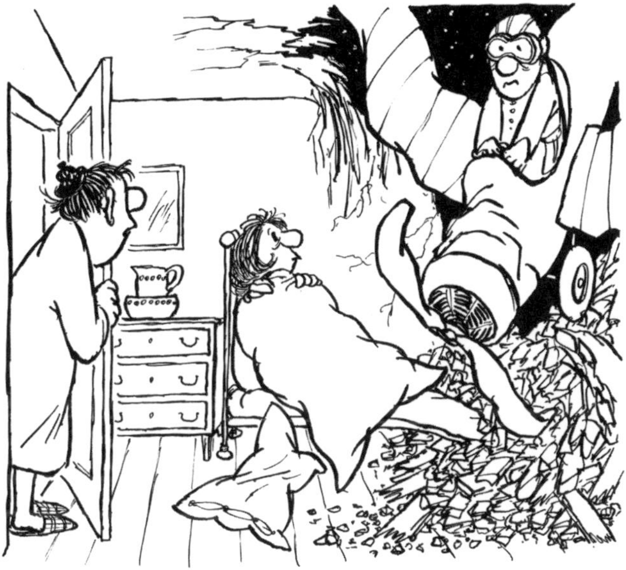

Fräulein Hoppenstedt hat sich ihre Kündigung selbst zuzuschreiben, da ihr Herrenbesuch nach 22 Uhr laut Mietvertrag ausdrücklich untersagt worden war.

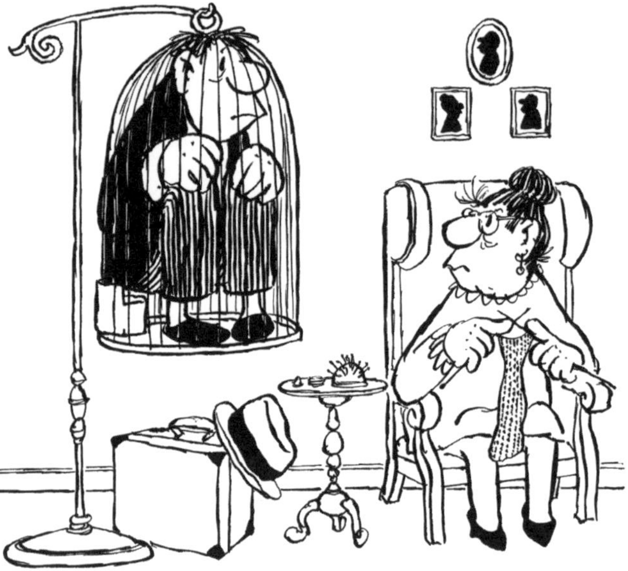

Unverständlich ist das Verhalten von Herrn Albert K., der trotz freundlicher Unterbringung in einem pflegeleichten Apartment seit zwei Monaten mit der Miete im Rückstand ist.

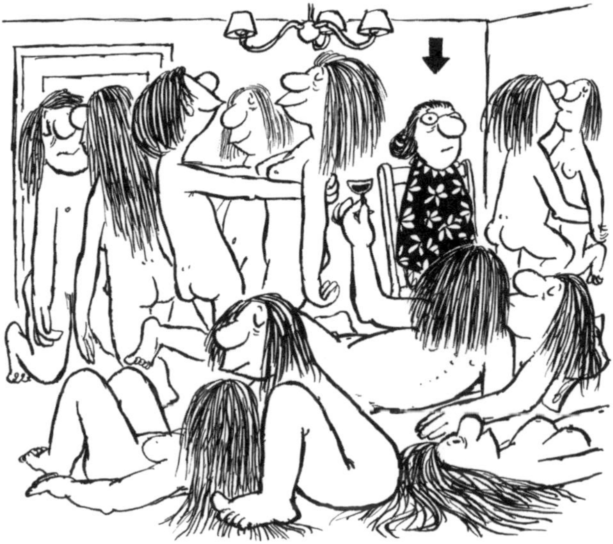

Taktisch richtig handelte Untermieter Erwin Sch. (VORN MITTE), der zu einer Feier im engsten Kreise auch seine Wirtin (PFEIL) eingeladen hatte.

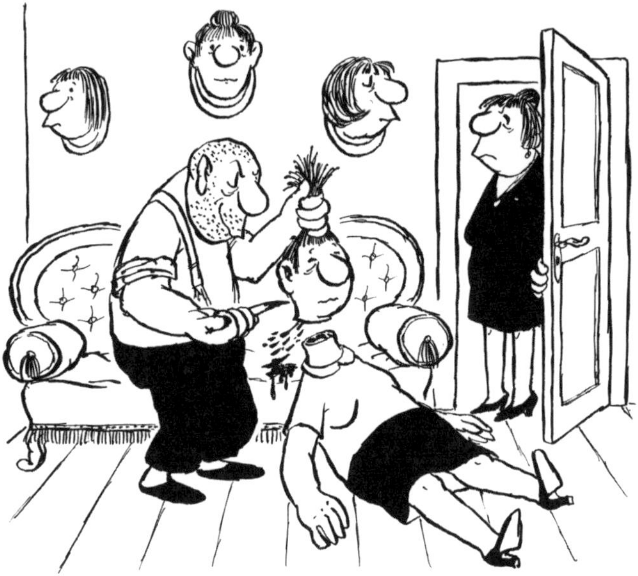

Herr Meierbehr muss mit sofortigem Auszug rechnen, da ihm berufliche Tätigkeit in seinem möblierten Zimmer nur bei sorgfältiger Schonung der Polstergarnitur gestattet ist.

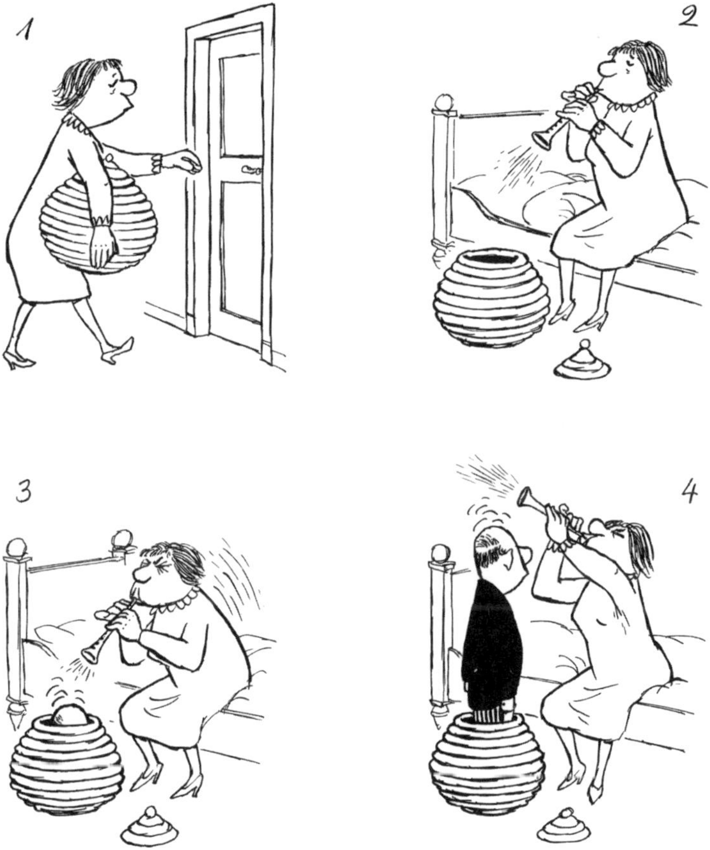

Ungewöhnlich ist hier die Tatsache, dass es einer Untermieterin gestattet ist, nach 22 Uhr auf ihrem Zimmer laut zu blasen.

MEHR FREUDE AM NEUBAU

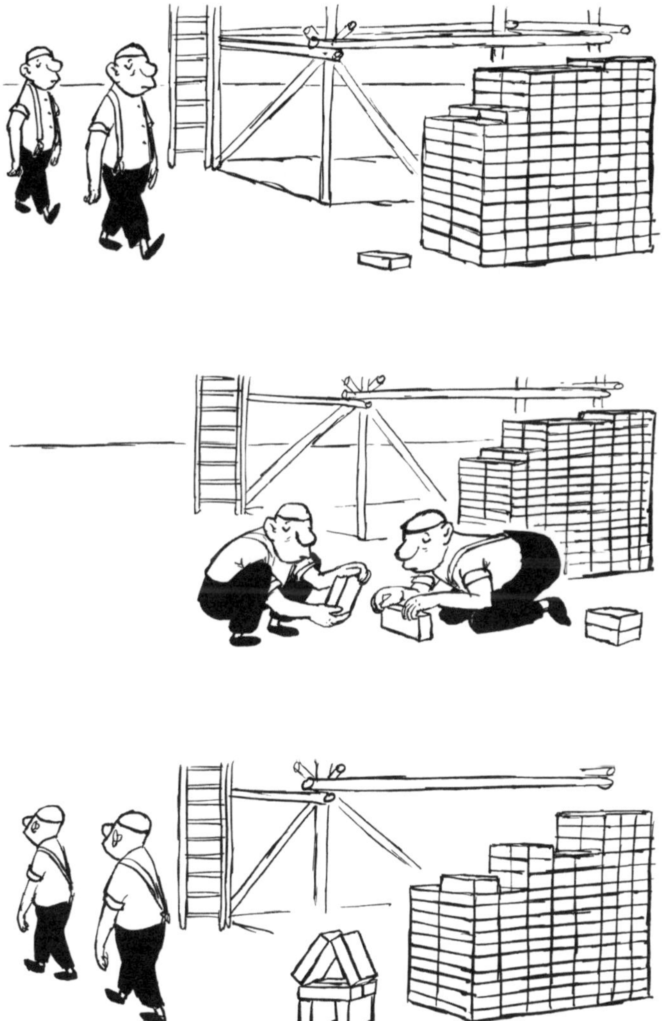

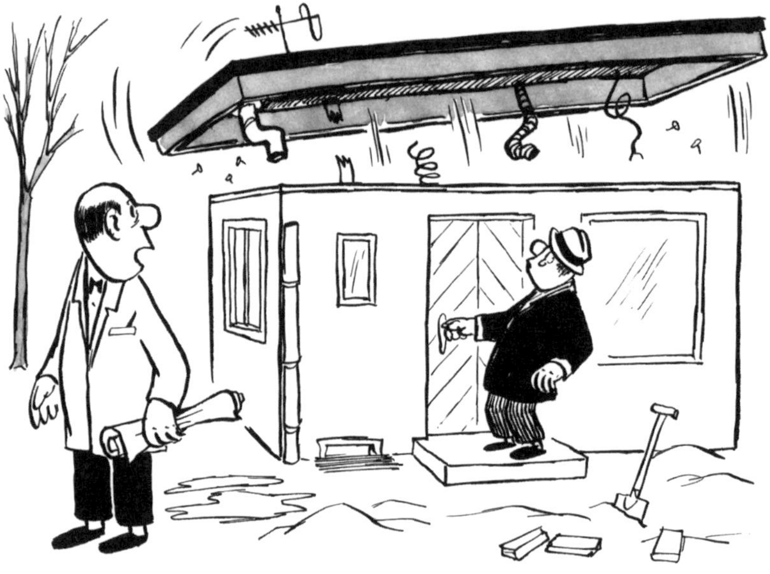

»Ich habe Ihnen doch eben gesagt, Sie sollen die Haustür leise schließen!«

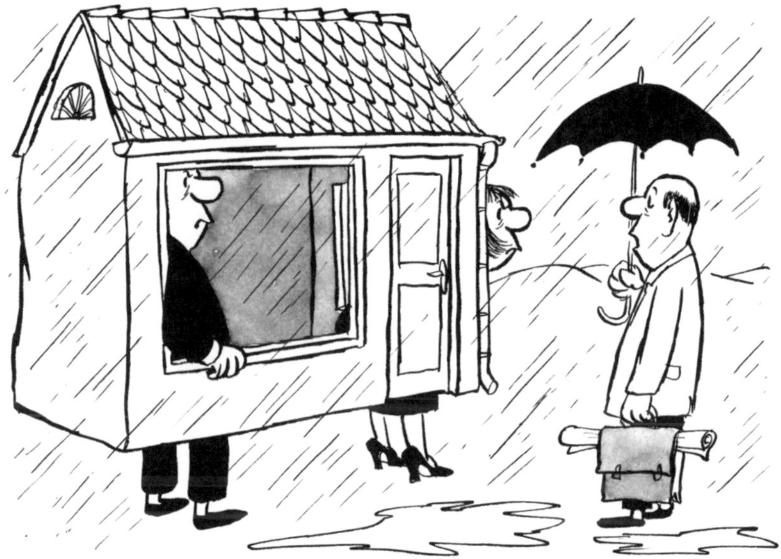

»Beim ersten Regen läuft jedes Haus etwas ein …«

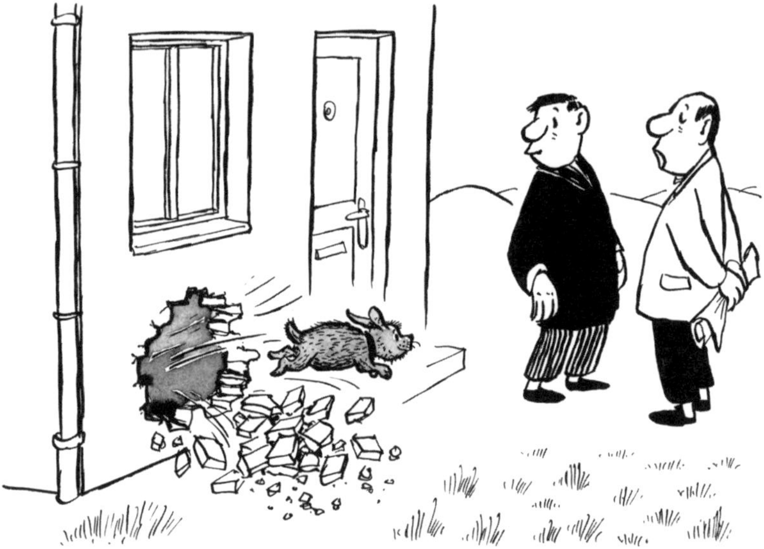

»Ich wusste ja nicht, dass Sie einen Hund haben.«

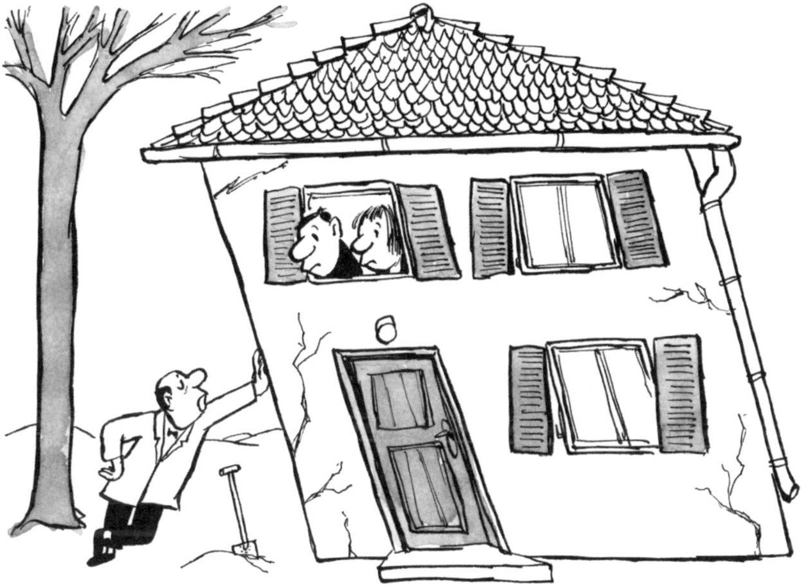

»Für 14 Tage übernehme ich die volle Garantie.«

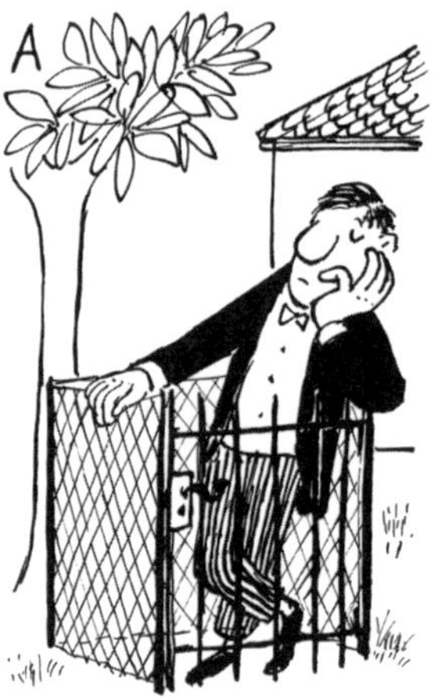

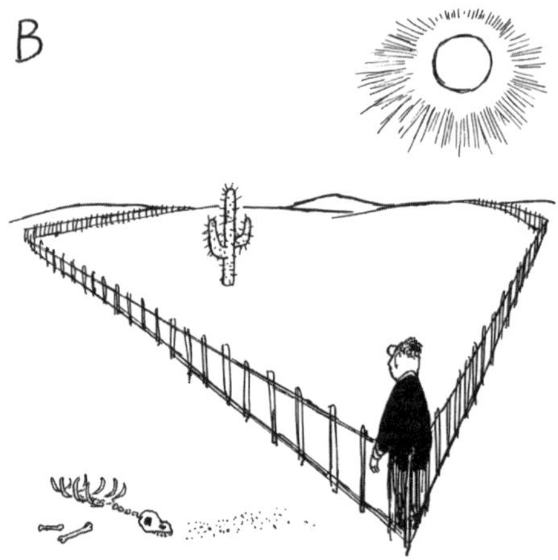

Grundstückskauf ist keine Frage des Einkommens. Auch für Sie ist der Betrag von Euro 80.– für einen Quadratmeter in vornehmer Villengegend erschwinglich (A). Sollten Sie jedoch mehr Auslauf benötigen, bietet sich Ihnen zum selben Preis, allerdings etwas außerhalb, das erwünschte großzügige Objekt (B).

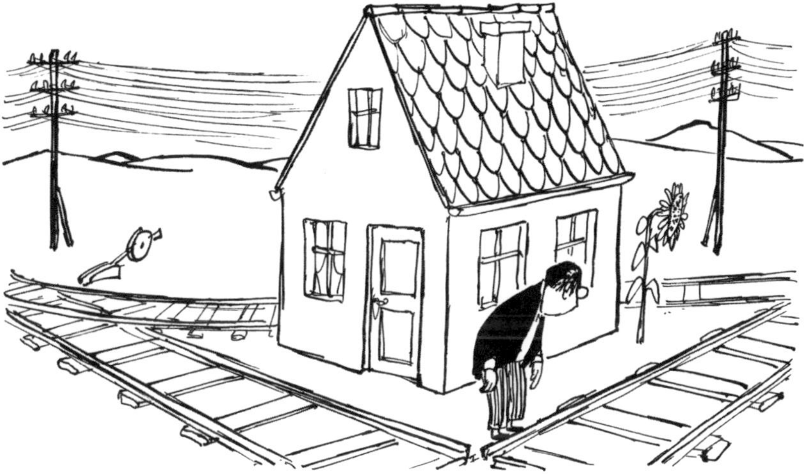

Unbefriedigt zeigt sich Herr P. Neugebauer nach Ankauf eines verkehrsgünstig gelegenen Grundstücks bei Hamburg: Das Überschreiten des Bahnkörpers ist auch Anliegern nicht gestattet.

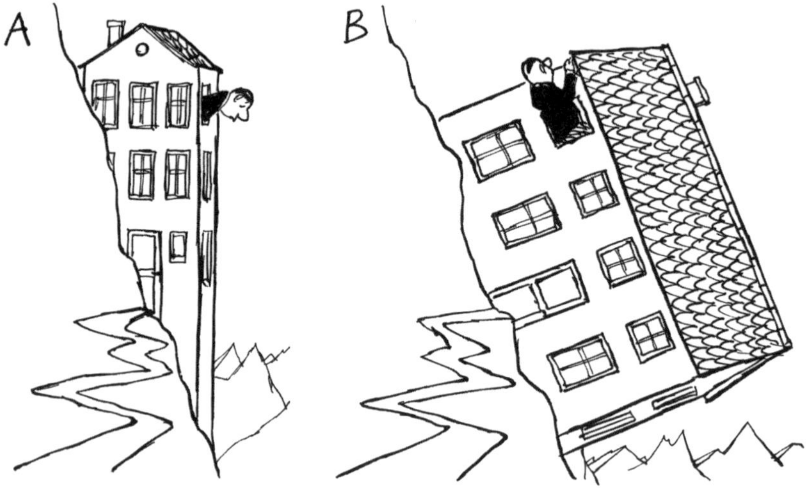

Beliebt sind Grundstücke in preiswerter Hanglage wegen reicher Auswahl an entzückenden Bauvorschlägen (A und B) und überraschenden Aufstiegsmöglichkeiten.

1

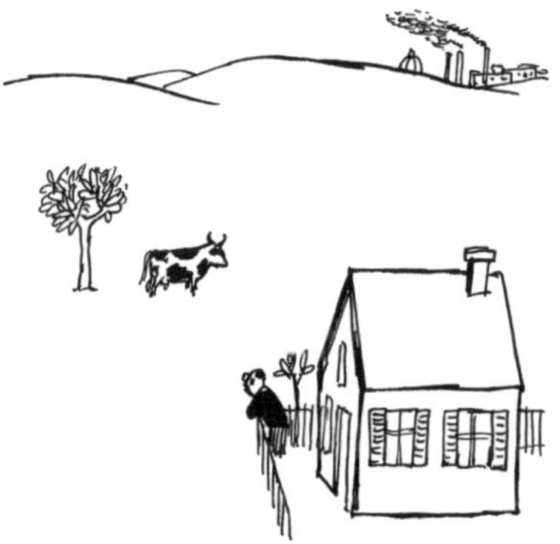

2

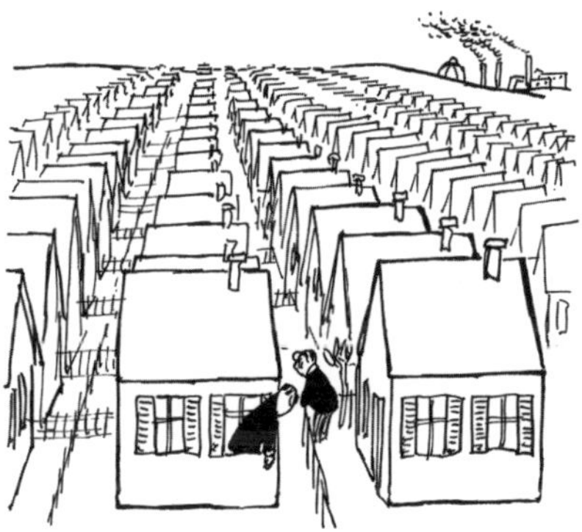

Der Kenner wählt seinen Baugrund in stillem Vorstadtgebiet (1). Nach kurzer Zeit verbindet ihn die Liebe zur Natur mit vielen Gleichgesinnten (2), die aus der lärmenden Großstadt in ländliche Ursprünglichkeit zurückgefunden haben.

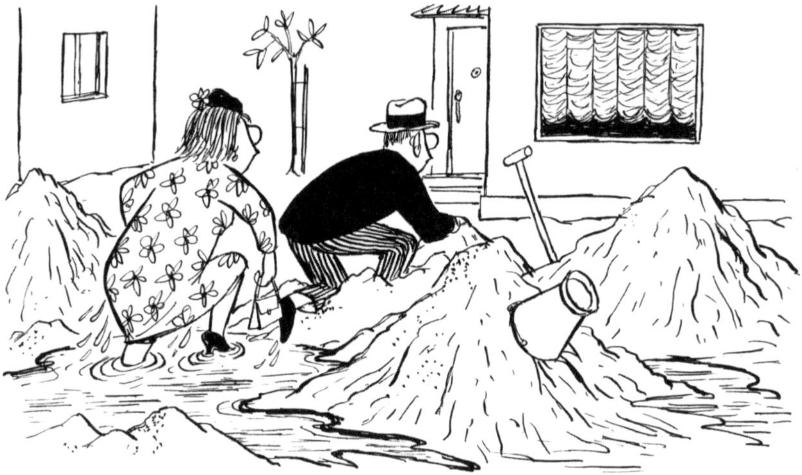

Während der Fertigstellung des Neubaus und noch Monate nach Ihrem Einzug bietet Ihnen Ihr Grundstück den köstlichen Genuss der eigenen Scholle.

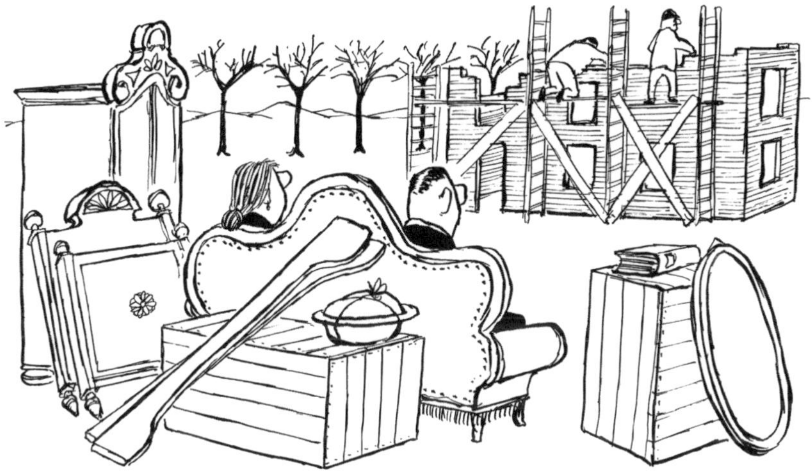

Vornehme Naturen warten in taktvoller Distanz, bis der letzte Handschlag getan ist. Schließlich kommt es ja auf ein paar Wochen nicht an.

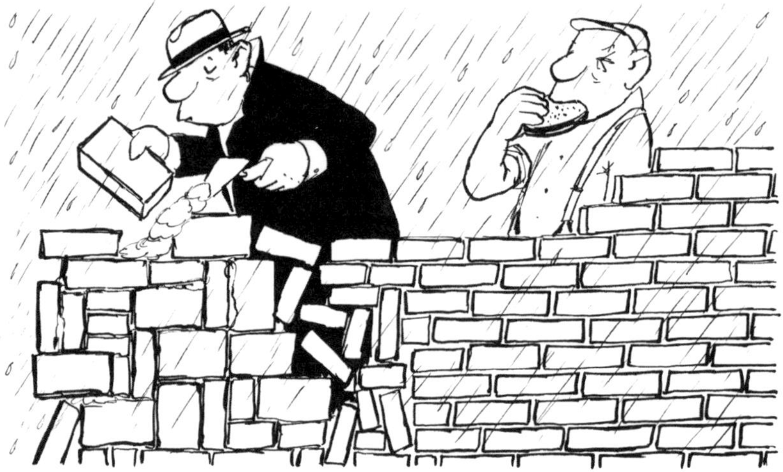

Falls die Witterung jedoch längeres Warten nicht gestattet, hat man durch fleißige Mitarbeit das erwünschte Dach schnell über dem Kopf. Merke: *Arbeit schändet nicht immer!*

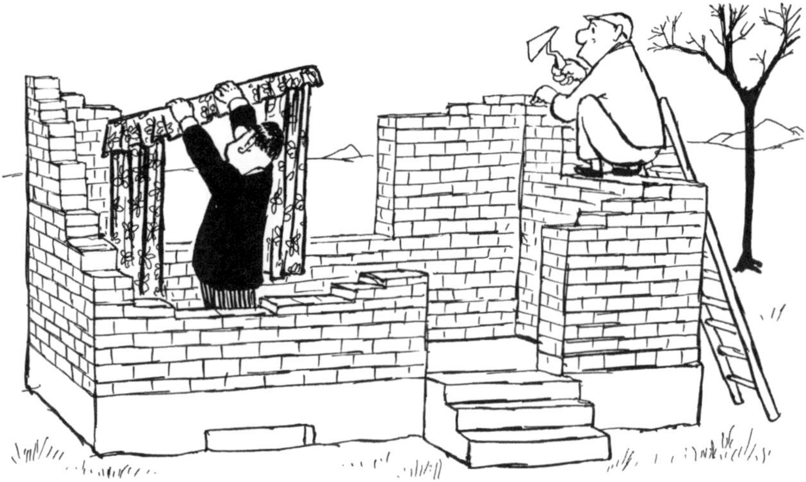

Hängen Sie Gardinen auf.
Das macht alles gleich viel freundlicher.

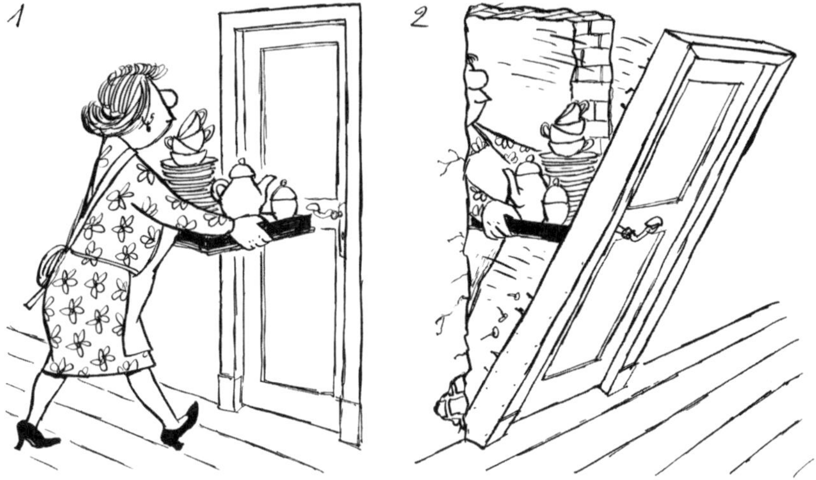

Auch für die eilige Hausfrau hält der Neubau eine willkommene Überraschung bereit. Selbst verklemmte Türen öffnen sich hier schon auf den geringsten Druck.

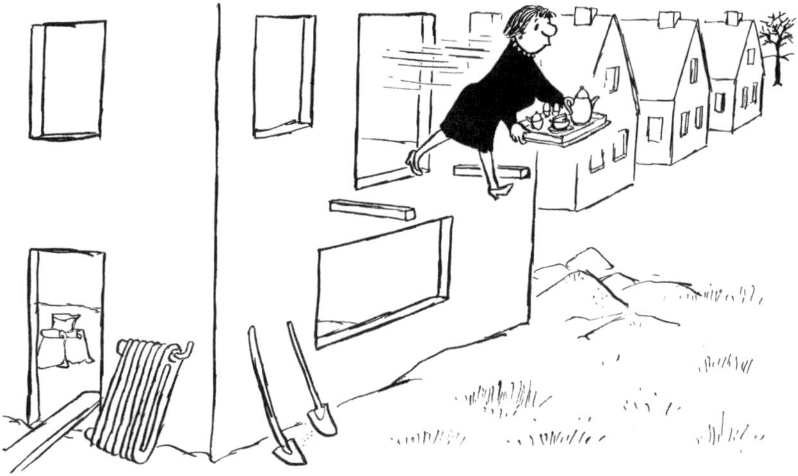

Ein voreiliges Frühstück auf dem geplanten Balkon nimmt häufig die Freude am künftigen Heim.

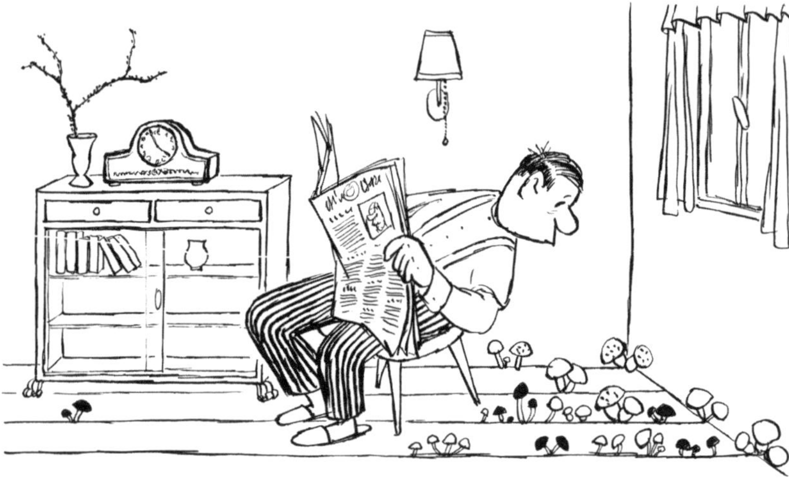

Die angenehme, gleichmäßige Feuchtigkeit Ihres Neubaus schafft ideale Lebensbedingungen für eine üppige Heimflora. Pilzfreunde brauchen das Haus nicht mehr zu verlassen. Sie finden bei der kurzweiligen Suche im Eigenheim volle Befriedigung.

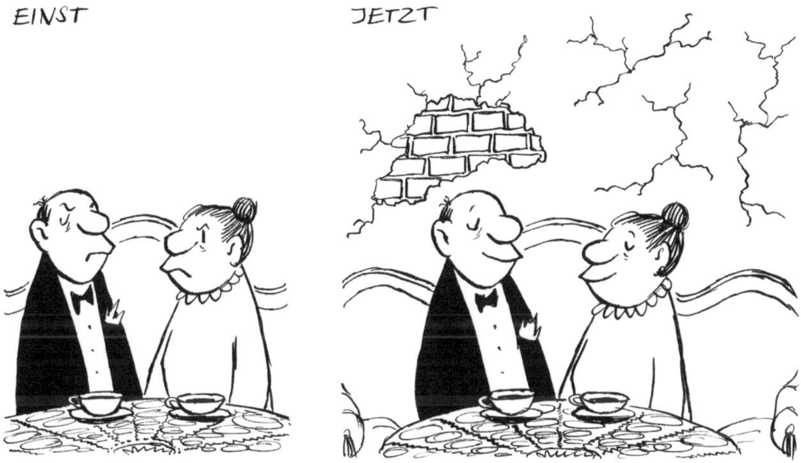

Neuzeitliche Verputztechnik legt Wert auf Lebendigkeit. Schon nach wenigen Wochen zeigen sich die entzückendsten Muster. Leicht zu entfernende Mörtelteile lockern eintönige Wände auf und geben den Blick auf moderne Ziegelflächen frei. Erst jetzt verspüren Sie den Geist zeitnaher Wohnkultur.

RAUMSPARVORSCHLÄGE

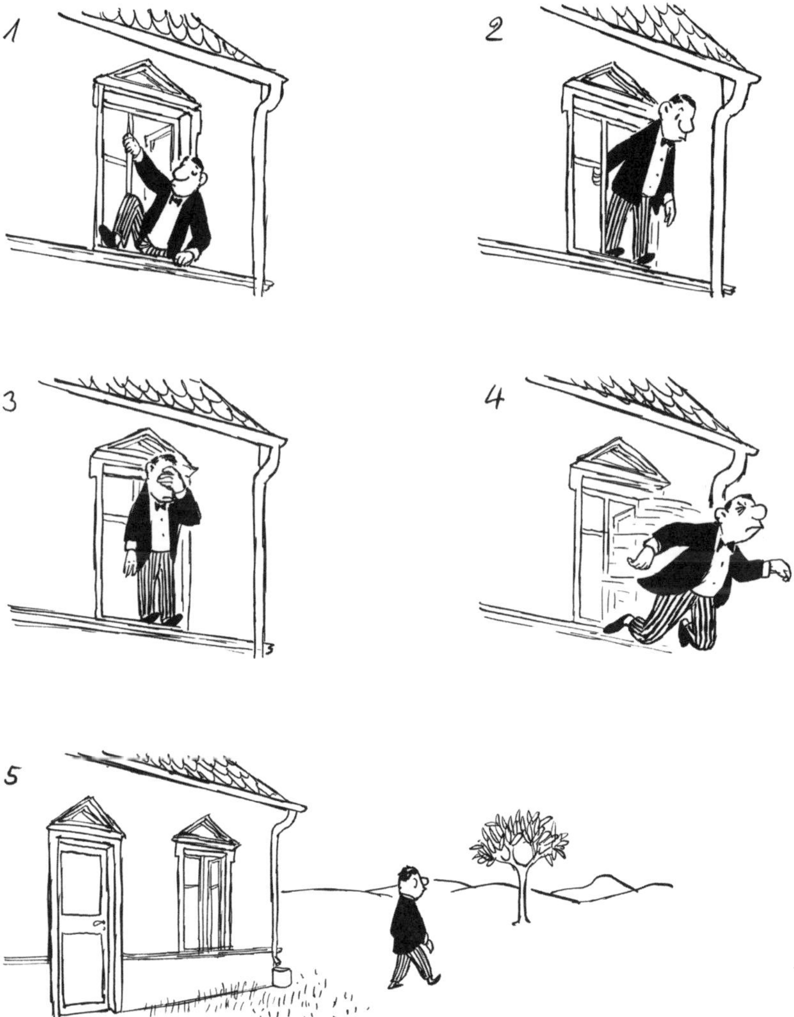
1
2
3
4
5

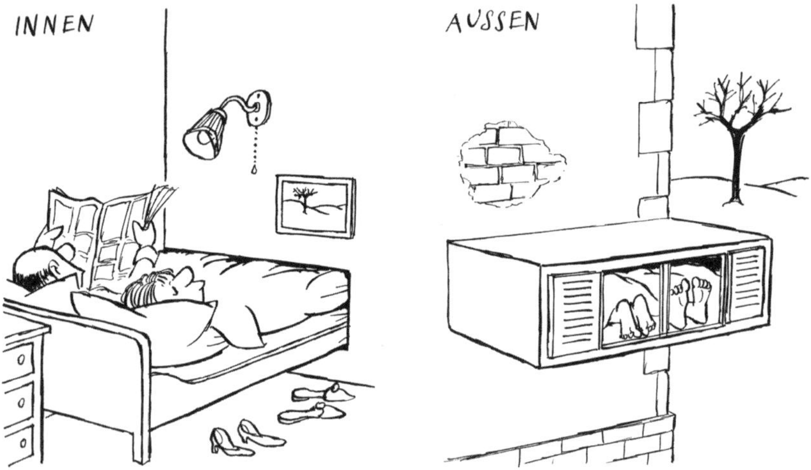

Das Elternschlafzimmer soll geräumig, aber nicht zu groß sein. Schon in 4,5 Quadratmetern lassen sich hübsche Einfälle verwirklichen. Die Fußnische gilt nicht nur als kühner Beitrag zur modernen Fassadengestaltung, sondern gewährt bei intensiver Raumausnutzung auch ein ganz neues Nestgefühl.

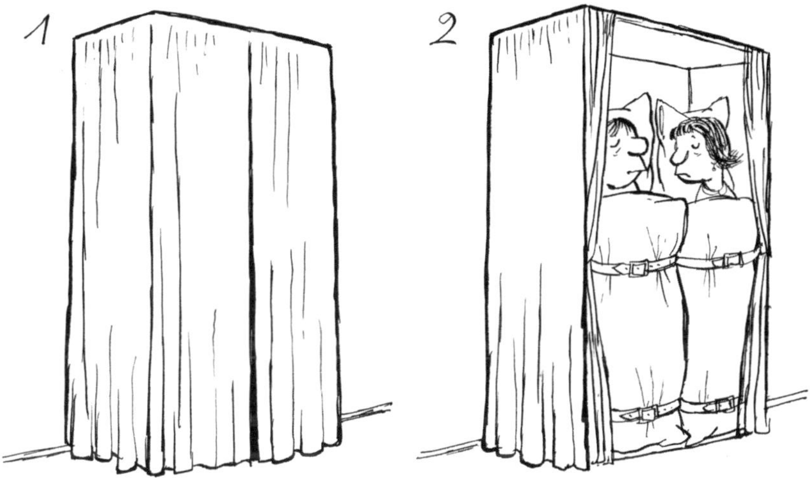

Moderne Behaglichkeit ist kein leeres Wort mehr, seit das ›Trauma Raumsparbett‹ seinen Siegeszug durch die Schlafzimmer der Welt angetreten hat.

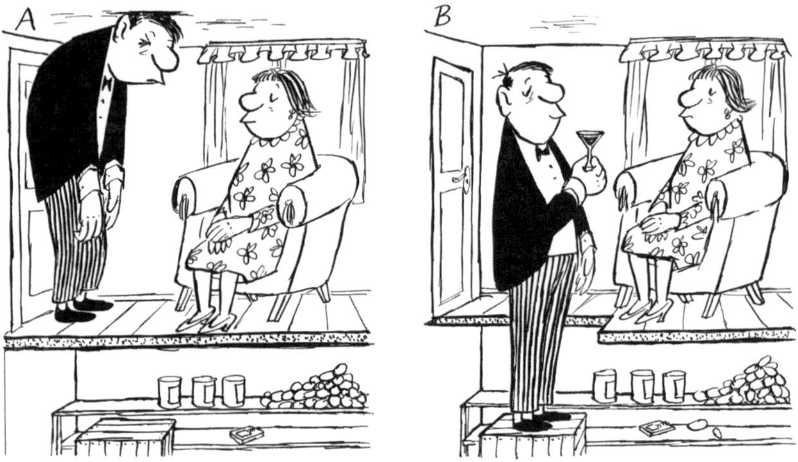

Der zeitgemäße Wohnraum lädt durch knapp gehaltene Deckenhöhe zum Sitzen ein (**A**). Anhänger gerader Haltung und aufrechter Geselligkeit erzielen durch geschickte Einbeziehung des Kellergeschosses ein ausreichendes Maß an körperlicher Bewegungsfreiheit (**B**).

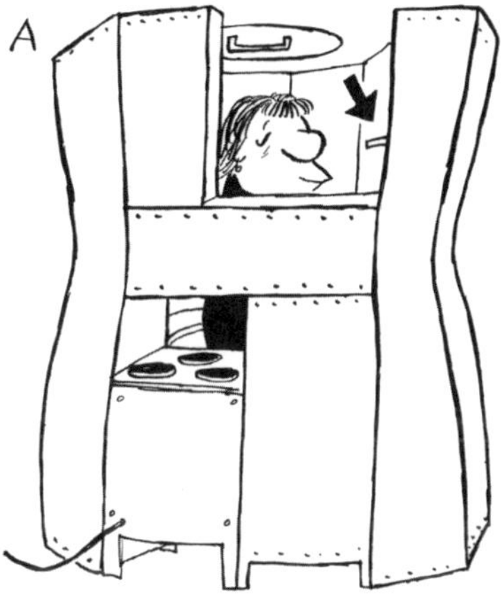

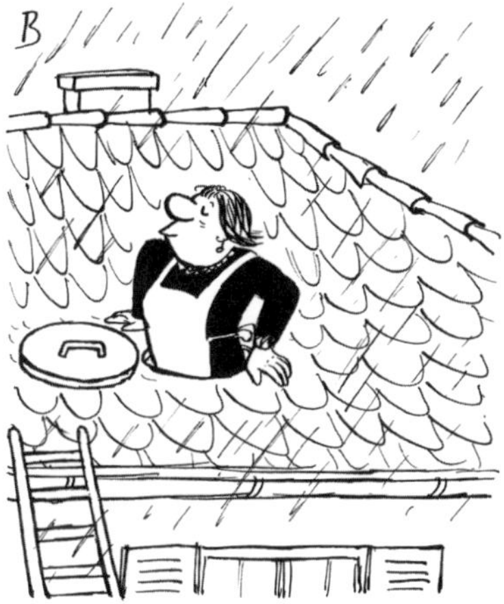

Die Traumküche nach Maß erspart infolge des durchdachten Systems von Einbauschränken und -geräten der Hausfrau jeden überflüssigen Schritt (A). Die Maßküche ist einschließlich Sehschlitz zur Essnische (PFEIL) und aller automatischen Anlagen auch für Vollschlanke lieferbar (Hüftweite angeben). Der griffige, katastrophensichere Allwetter-Ein-und-Ausstieg befindet sich oben (B).

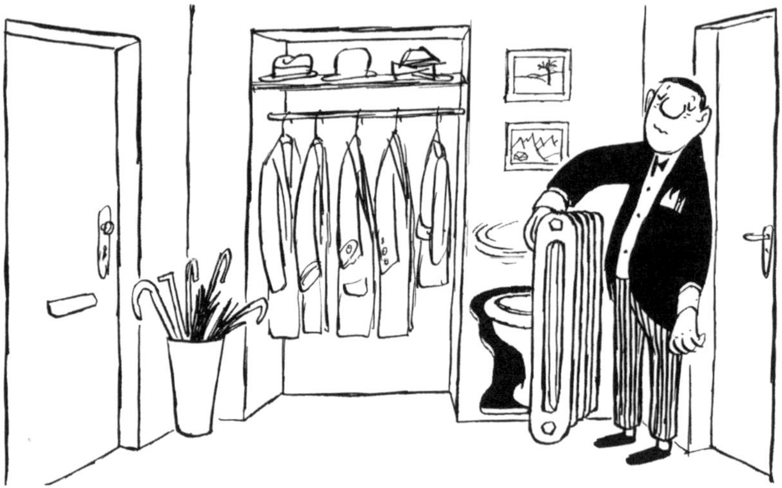

Das WC (es muss einmal gesagt werden) sollte auch im Kleineigenheim nicht fehlen. Ein Hamburger Architekt fand hierfür eine aparte Lösung, durch die er unser Örtchen an der Rückseite der schwenkbaren Garderobenheizung ebenso raumsparend wie diskret, jedoch gut erreichbar, unterbrachte. Somit erhält das Entree jenes Format, welches auch bescheidenen Einfamilienhäusern das Fluidum des Hochherrschaftlichen verleiht.

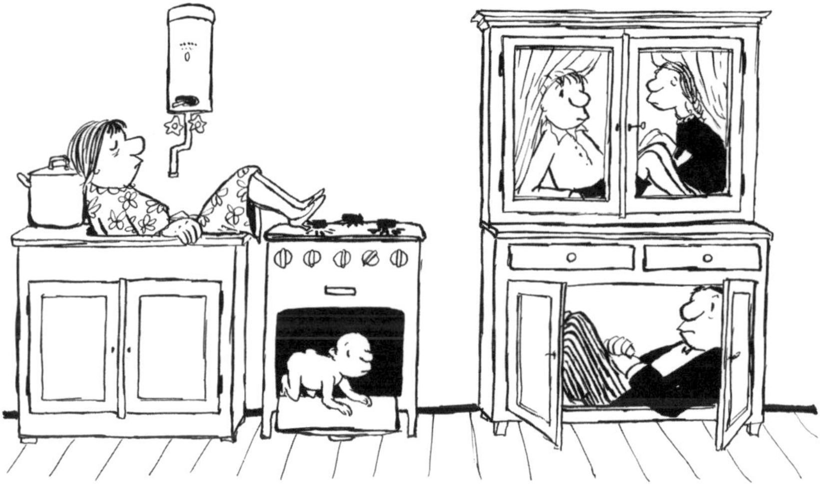

Familien, die bereit sind, sich räumlich ein wenig einzuschränken, können durch Vermietung an Studenten pro Zimmer 250 Euro und mehr einnehmen und sich dadurch den angestrebten Wohlstand sichern.

UMZUG

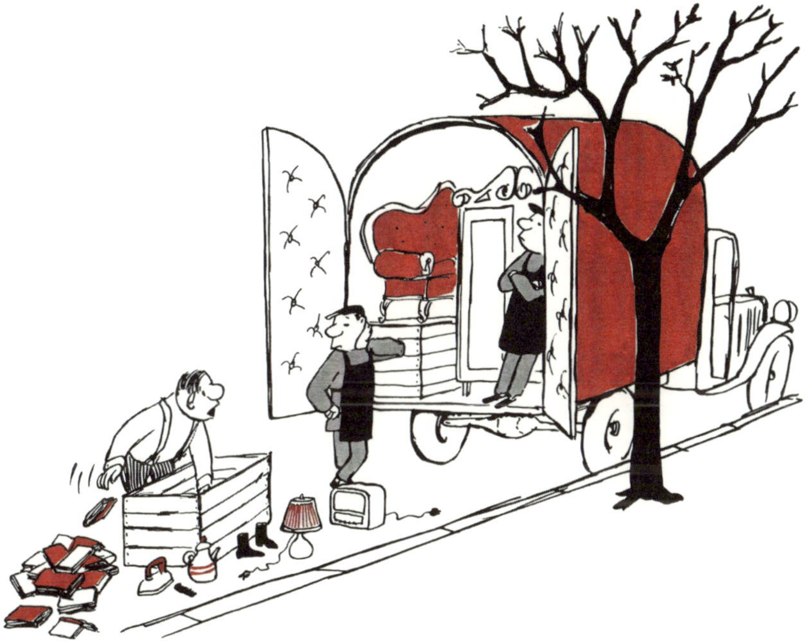

»Ich suche meine Brieftasche – aber sie kann auch in einer anderen Kiste sein …«

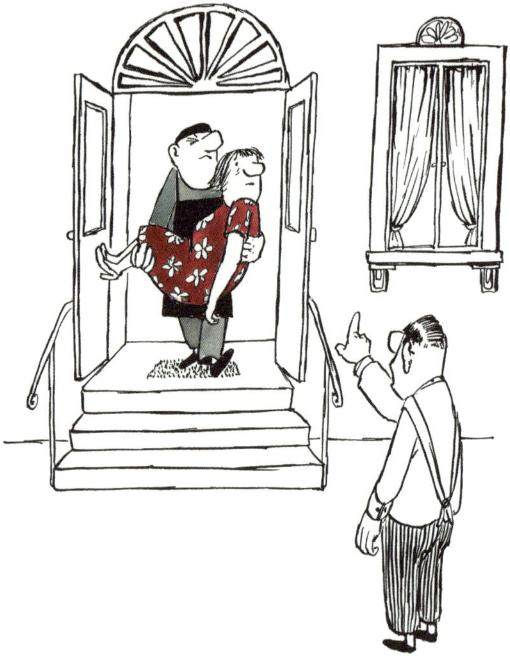

»Halt! Zurück! Das ist die Portiersfrau …«

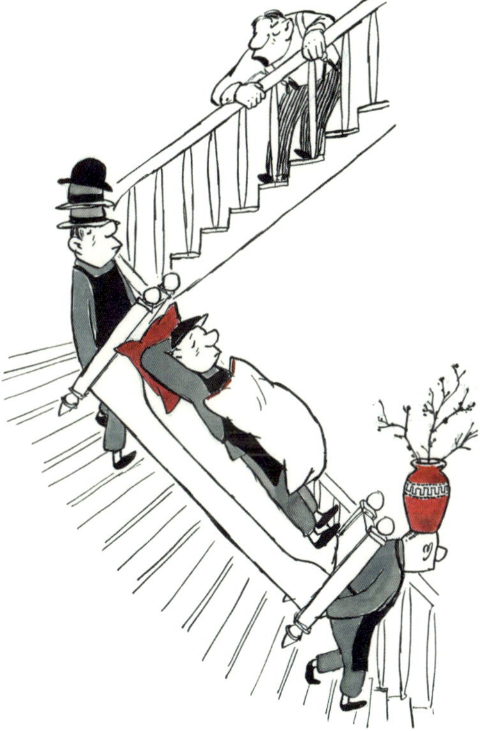

»Ich glaube, Sie sind nicht mit dem nötigen Ernst bei der Sache!«

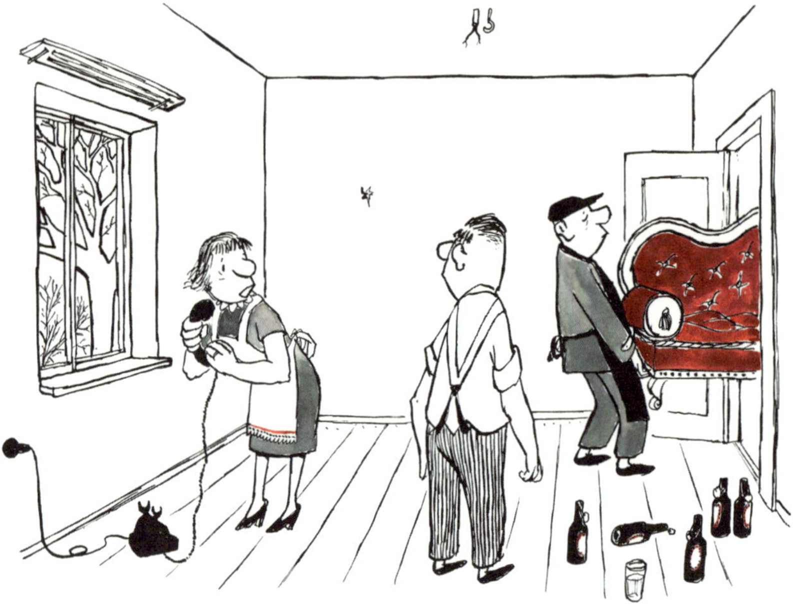

»Was hab ich gesagt – wir können erst in 14 Tagen in die neue Wohnung.«

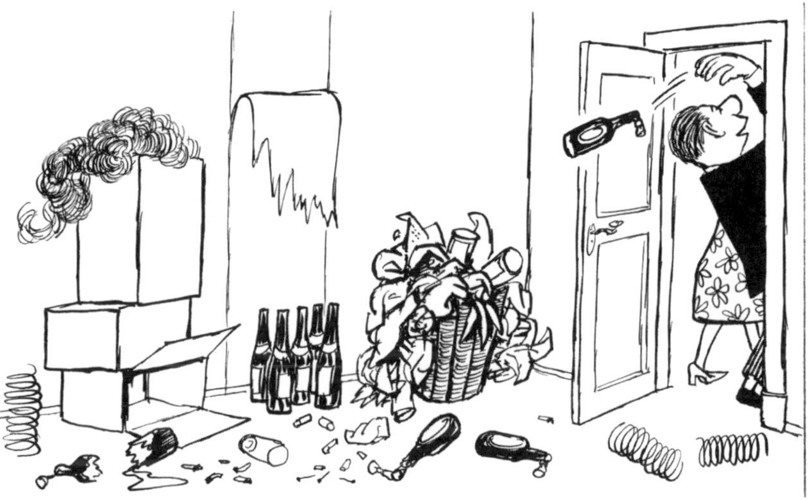

Hinterlassen Sie die alte Wohnung nicht in eintöniger Leere, sondern beweisen Sie Ihren Nachfolgern durch ein lebendiges Allerlei, dass Sie sich dort wohl gefühlt haben.

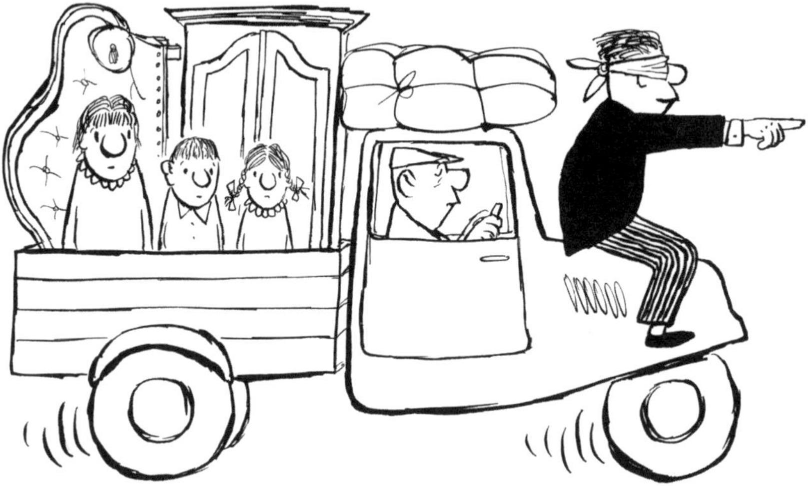

Lebenskünstler gestalten die Wohnungssuche zu einem prickelnden Abenteuer mit dem verführerischen Reiz des Ungewissen.

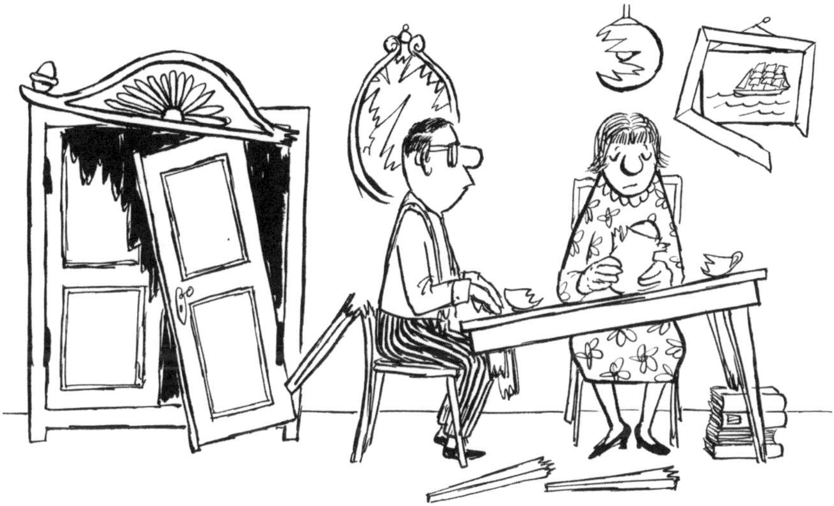

Wirtschaftlich denkende Familien verzichten auf die Mitwirkung geschulter Umzugskräfte. Die eingesparten Kosten lassen später über eventuelle kleine Schäden leicht hinwegsehen.

PFLANZEN IM HEIM

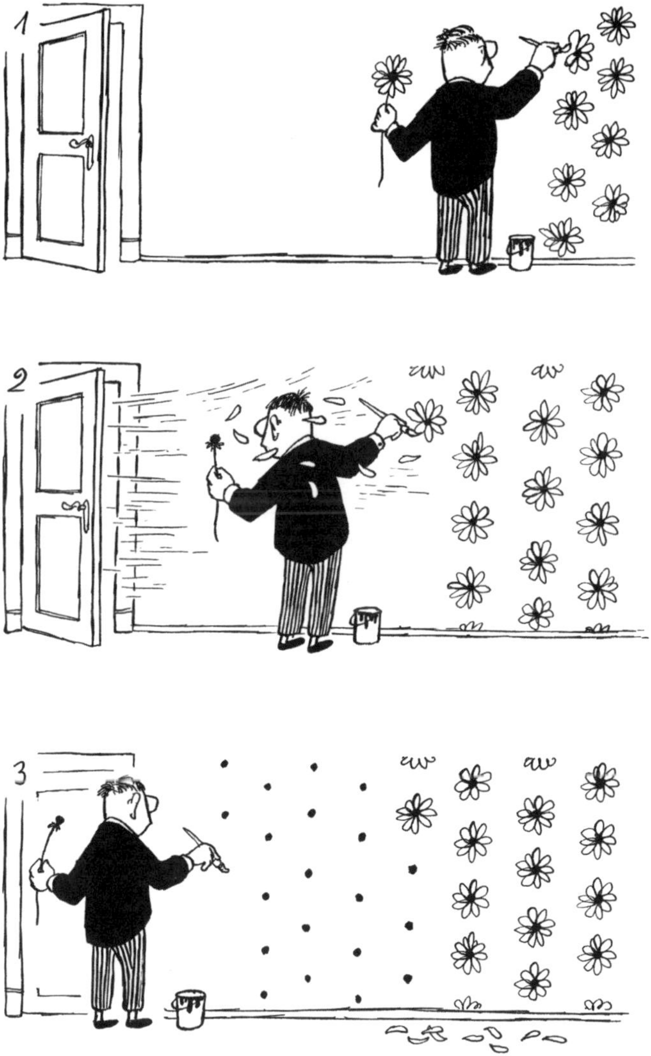
1
2
3

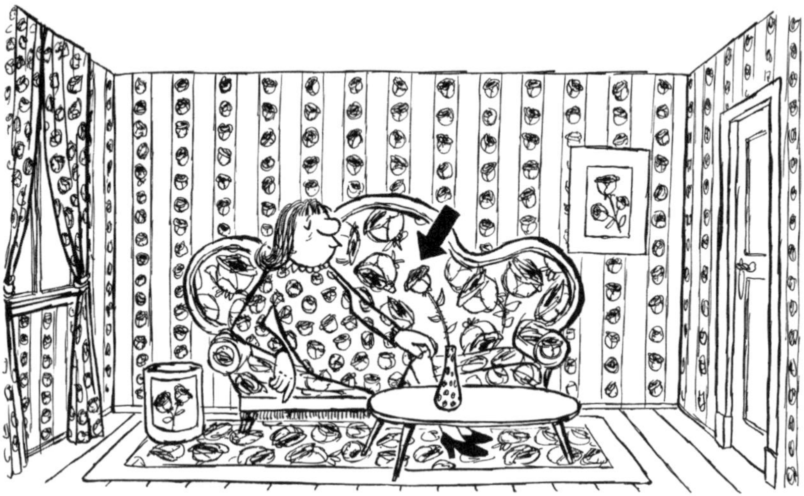

Schnittblumen vertiefen den Eindruck natürlicher Frische und kultivierter Häuslichkeit. Schon durch eine einzige Rose (PFEIL) erscheint Ihr Heim wie umgewandelt.

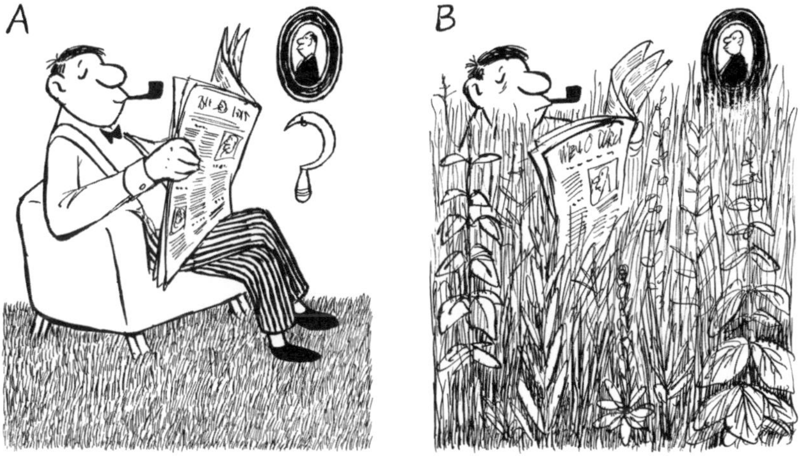

Mit der Anlage eines englischen Rasenteppichs im Herrenzimmer erzielt man die Atmosphäre des beliebten angelsächsischen Wohnstils (A). Bei Vernachlässigung der Rasenpflege wird der Grasfreund jedoch als Opfer naturbetonter Heimgestaltung oft überraschend von seinen Lieben isoliert (B).

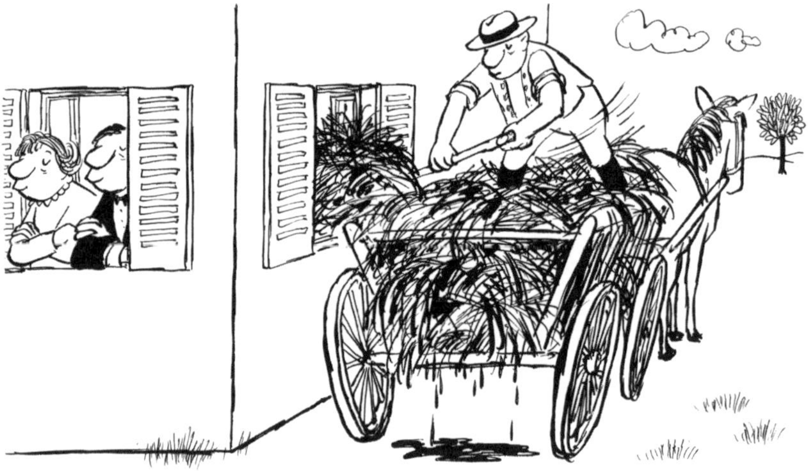

Künstlichen Dünger verschmäht der verantwortungsbewusste Heimpflanzer. Preisgünstige Großlieferungen des noch warmen Naturprodukts direkt vom Stall in das Wohnzimmer garantieren ihm binnen kürzester Zeit eine Heimflora paradiesischen Ausmaßes.

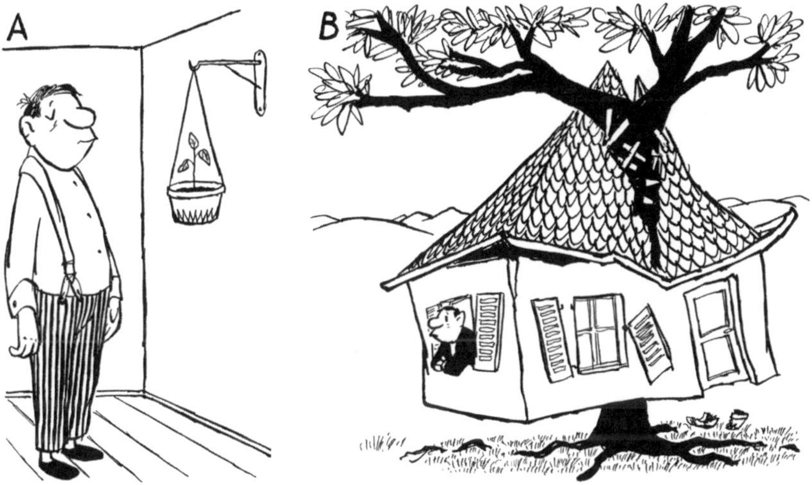

Welch tiefes Glück die Beschäftigung mit Zimmerpflanzen bedeuten kann, zeigt das Beispiel des Heimgärtners Erwin Brahms (57). Nach zwölf Jahren zäher Arbeit wurde Brahms durch ein schönes Zuchtergebnis belohnt. Die Abbildungen zeigen ihn jeweils neben der Zimmerlinde ›Elinor V‹, (A) zu Beginn der Pflege im Frühjahr 1949 und (B) letzten Freitag gegen 15:30 Uhr.

STILVOLLE EINRICHTUNG

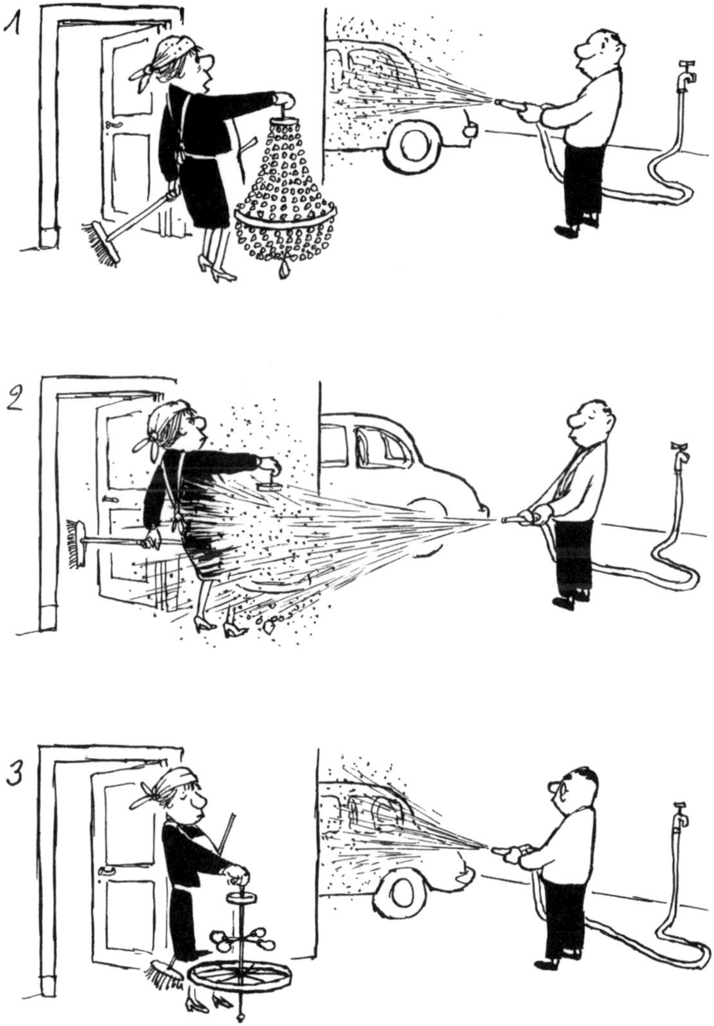
1
2
3

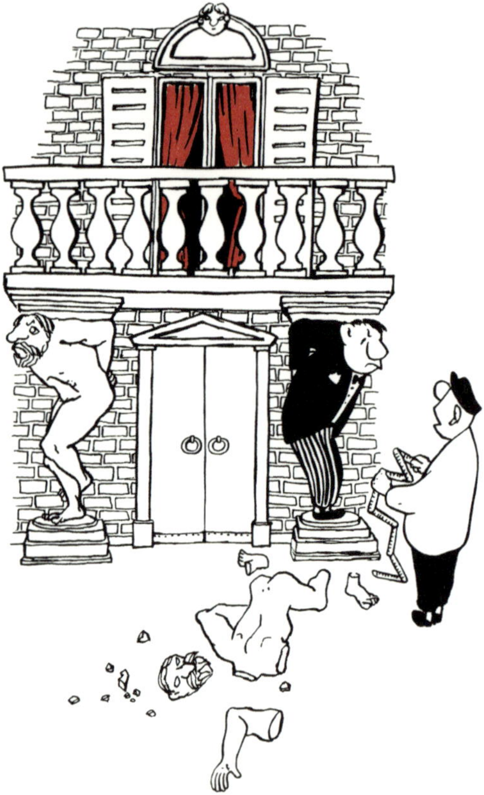

»Ende nächster Woche bring ich das neue Püppchen.«

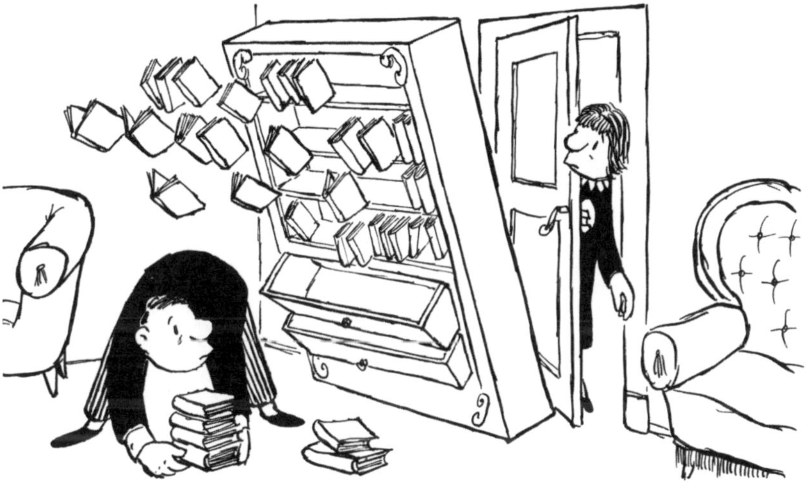

Möbel, die unüberlegt aufgestellt werden, lassen in der Regel nicht die richtige Gemütlichkeit aufkommen.

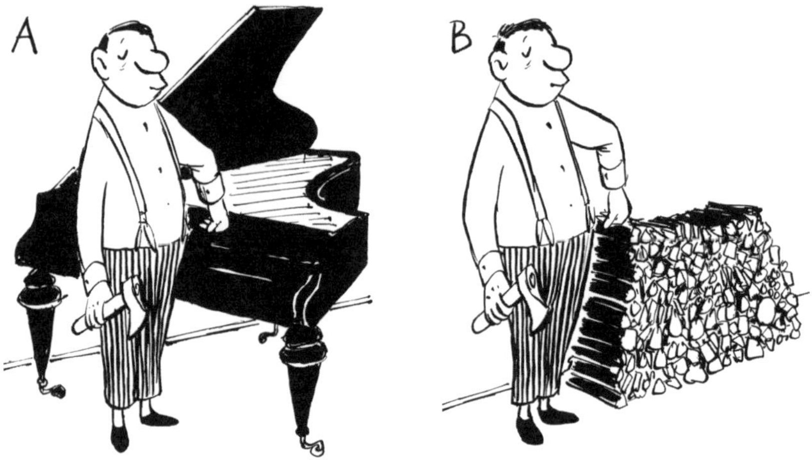

Das Problem des Konzertflügels (A) liegt in seinen stattlichen Ausmaßen. Handlich zerlegt (B) wirkt er auch im Rahmen des sozialen Wohnungsbaus kaum noch störend.

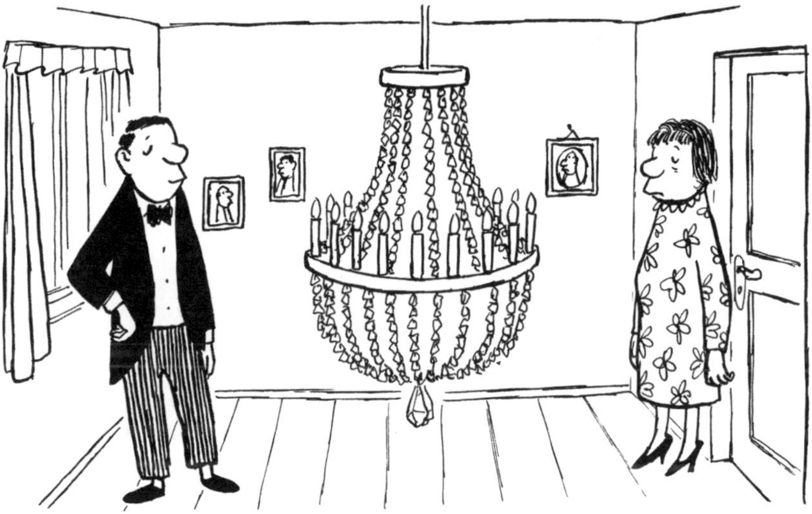

Wer das Antike liebt, kann durch günstige Gelegenheitskäufe dem Heim eine kultivierte Atmosphäre verleihen. Häufig lassen schon einzelne Stücke den Raum in ganz neuem Licht erscheinen.

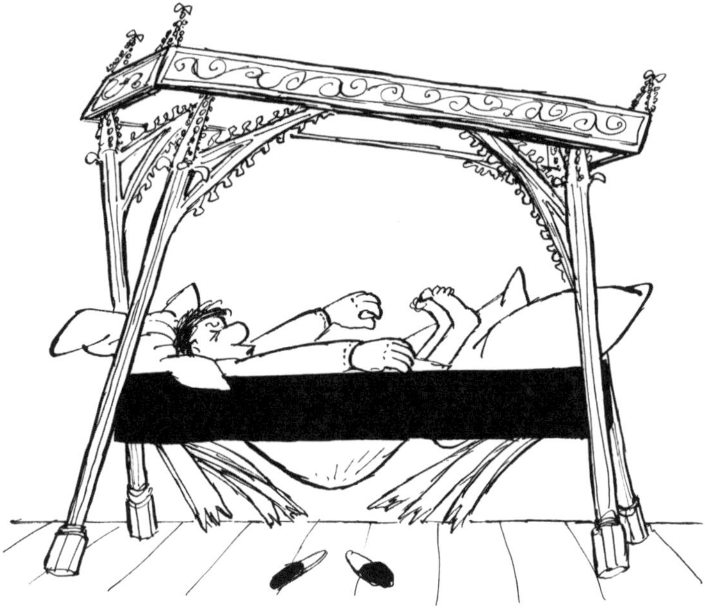

Diese frühgotische Bettstatt stammt aus dem Familienbesitz eines flämischen Grafengeschlechtes. Kleine Ungelegenheiten wird man im Bewusstsein stilreiner Nachtruhe gern in Kauf nehmen.

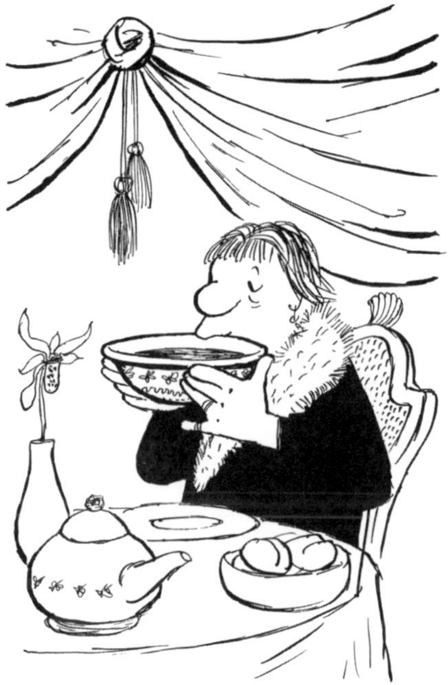

Die Waschschüssel Ludwigs XIV. fand im Salon der gepflegten Gattin eines Düsseldorfer Konservengroßhändlers ihren würdigsten Platz.

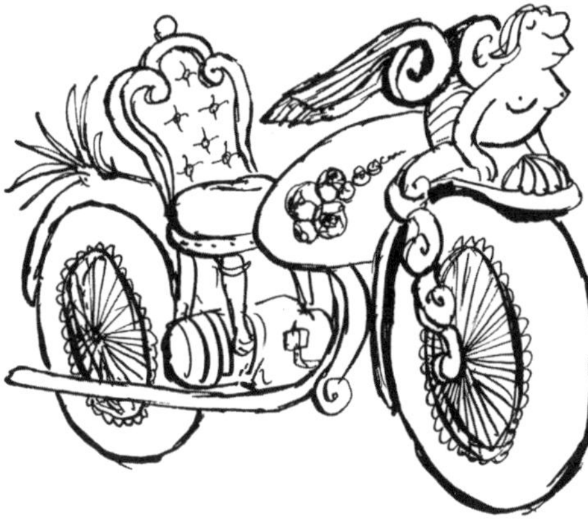

Die rasch um sich greifende Liebe zum Stilmöbel macht eine Warnung vor übereilten Ankäufen nötig. Das abgebildete Motorrad aus dem italienischen Spätbarock erwies sich nach eingehender Begutachtung als geschickte Fälschung.

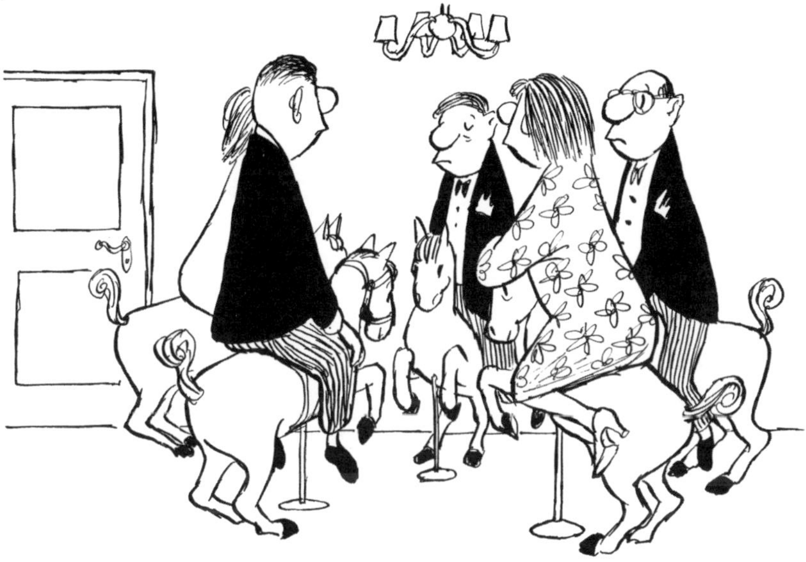

Als einmalig günstige Gelegenheit ist der Erwerb dieser fünf antiken Karussellpferdchen (Euro 4800.–) anzusehen. Der bisher karge Raum erhielt eine persönliche Note und die Atmosphäre kultivierter Gastlichkeit.

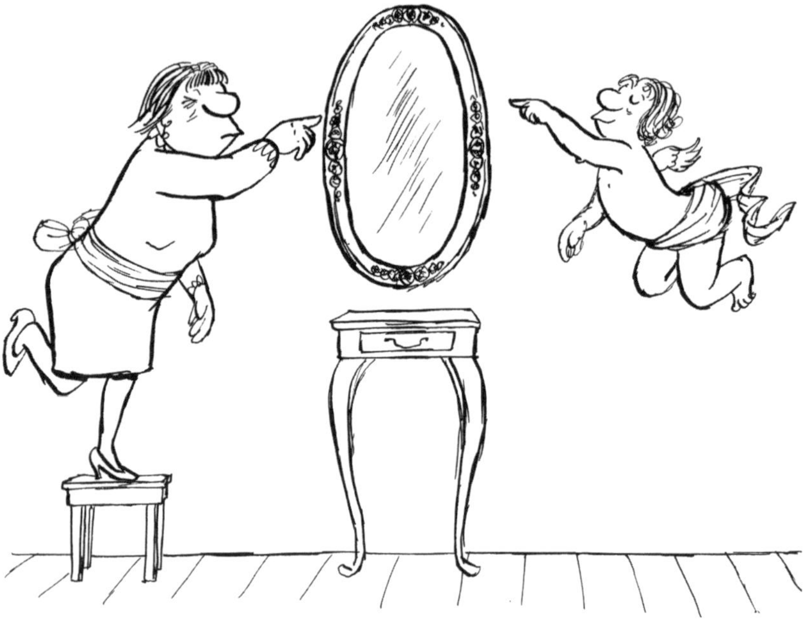

Nicht immer erhält man zu einem dekorativen Stück gleich das passende Pangdang (sprich: Pendant). Bis zur Auffindung desselben wird man sich oft jahrelang behelfen müssen.

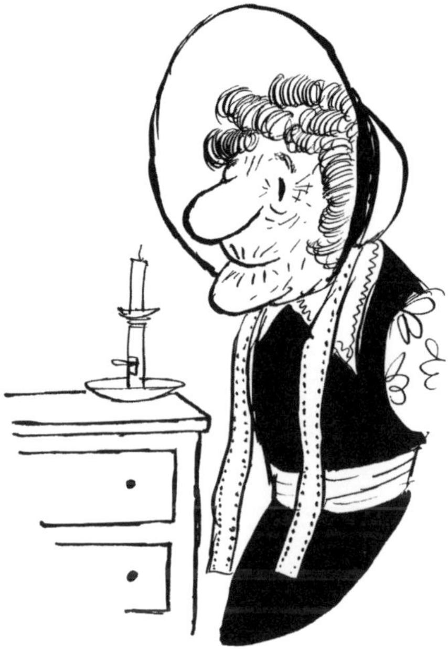

Glück gehabt hat das Ehepaar Szislawczik in Kiel: Es erwischte eine Haushaltshilfe aus dem Biedermeier (ca. 1810 1835). Das Mädchen zählt jetzt 149 Jahre, passt glänzend zu einer Kommode gleichen Alters und erzählt hin und wieder entzückende Anekdoten aus den Befreiungskriegen.

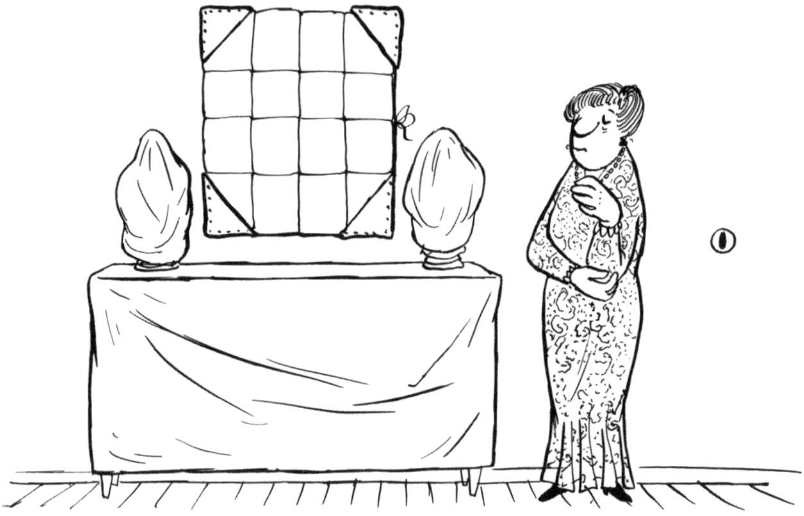

Verstaubung und Beschädigung wertvoller Einrichtungsgegenstände sind stets auf mangelhafte Obhut zurückzuführen. Frau Ingeborg v. B., eine vortreffliche Hausfrau aus Bielefeld, wird dagegen an ihrem Tizian, zwei alten chinesischen Fayencen und einer kostbaren Louis-seize-Kommode noch viele Jahre ihre Freude haben.

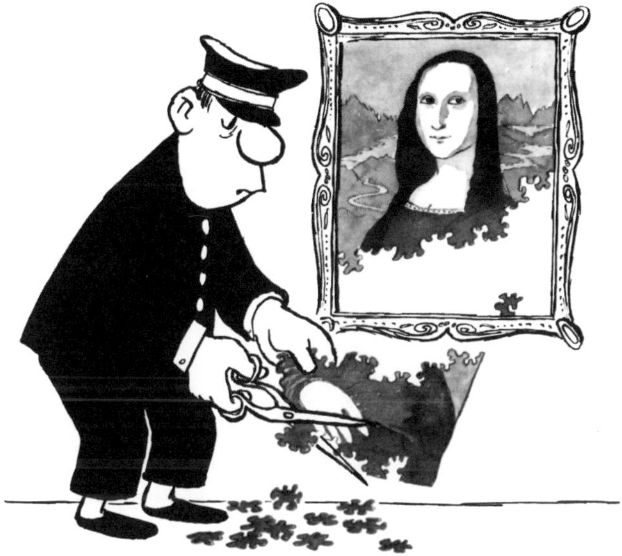

Luxuspuzzles, aus wertvollen Ölgemälden handgefertigt, sind schon ab 195 000 Euro bei allen staatlichen Kunstsammlungen erhältlich. Gegen Aufpreis in echter Kunstledertasche.

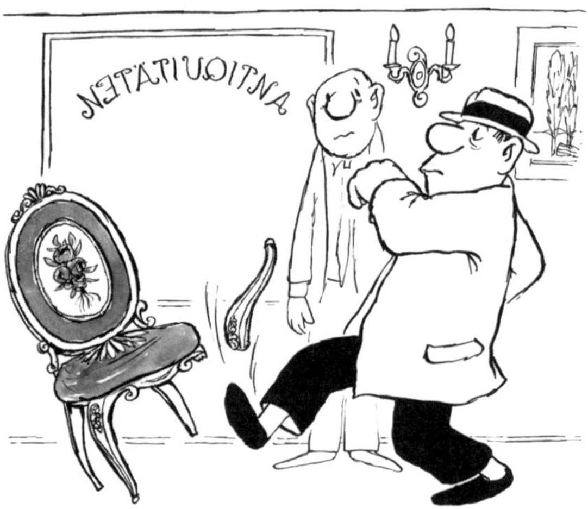

Liebhaber kostbarer antiker Sitzmöbel prüfen durch Fußtest die Echtheit derselben. Merke: *Haltbare antike Sitzmöbel sind gefälscht.*

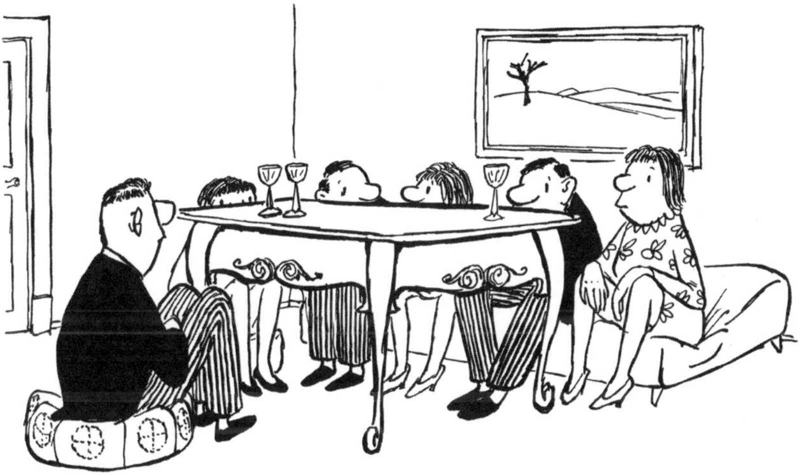

Kenner erzielen oft erstaunliche Wirkungen durch die geschmackvolle Kombination von antikem und neuzeitlichem Mobiliar.

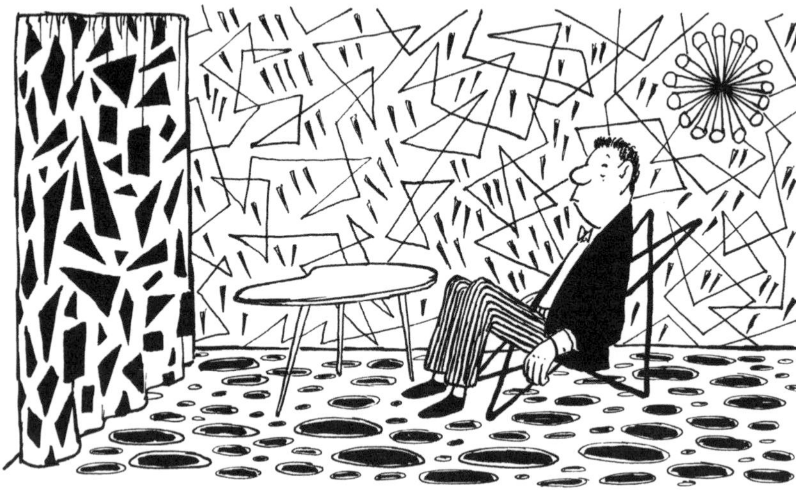

Moderne Menschen richten sich zeitgemäß ein. Aparte Dekorationsstoffe vermitteln ihnen das Gefühl behaglicher Nestwärme. Merke: *Die Wohnung sei der Spiegel Ihres Inneren.*

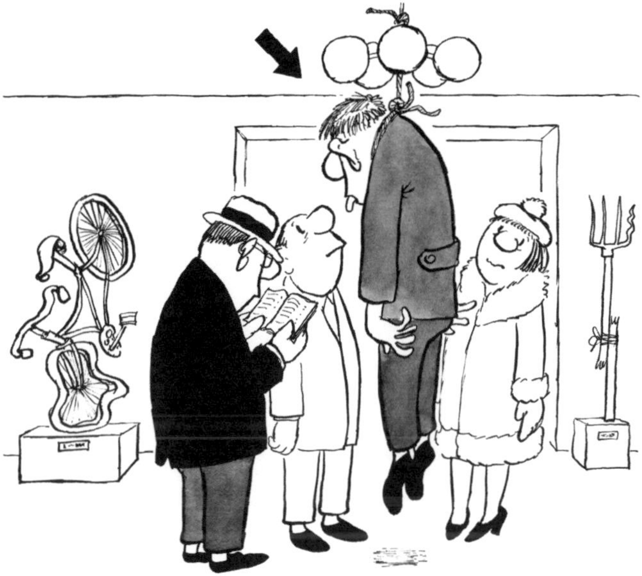

Das ansprechendste Objekt einer Ausstellung zeitgenössischer Kunst in Heilbronn, der Künstler selbst (PFEIL), war leider unverkäuflich.

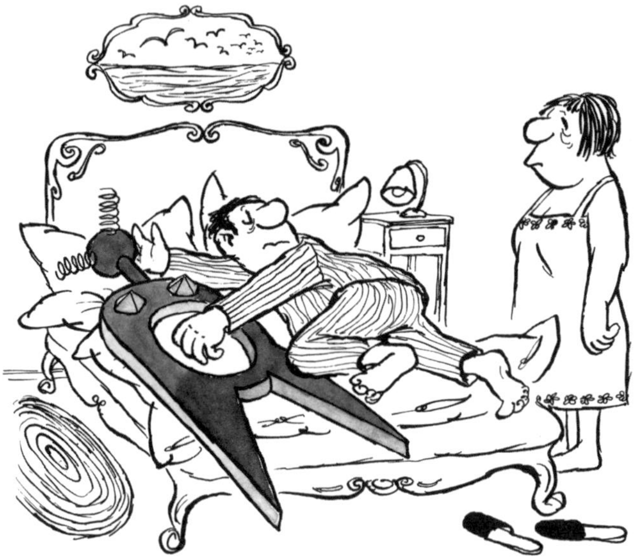

Durch seine tiefe innere Beziehung zu einer Bronzeplastik bewies der Angestellte Norbert K. aus Remscheid, was echte Kunst vermag.

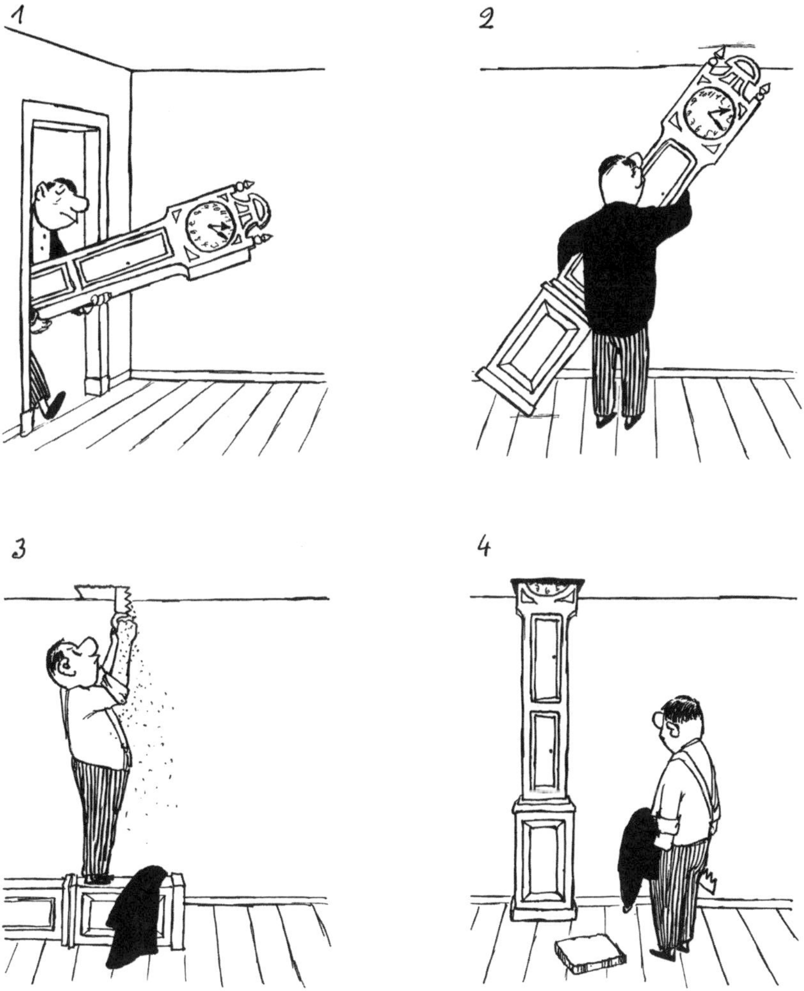
1
2
3
4

FÜR DEN FALL, DASS SIE KEIN FERNSEH-GERÄT BESITZEN

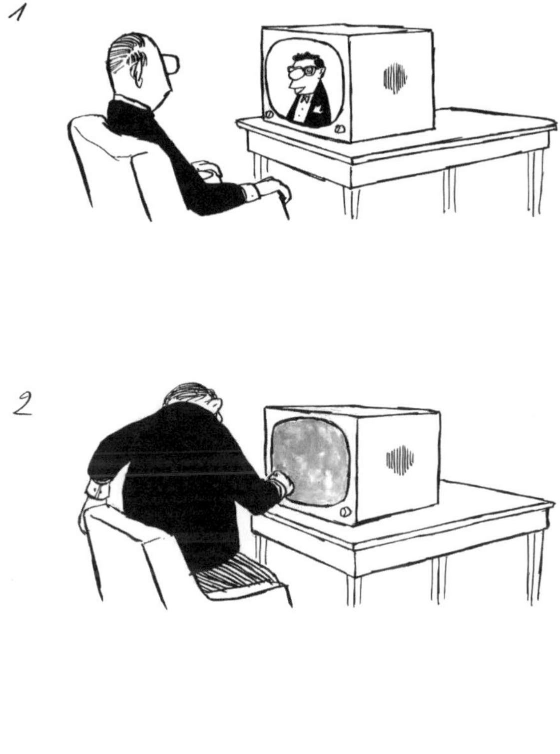

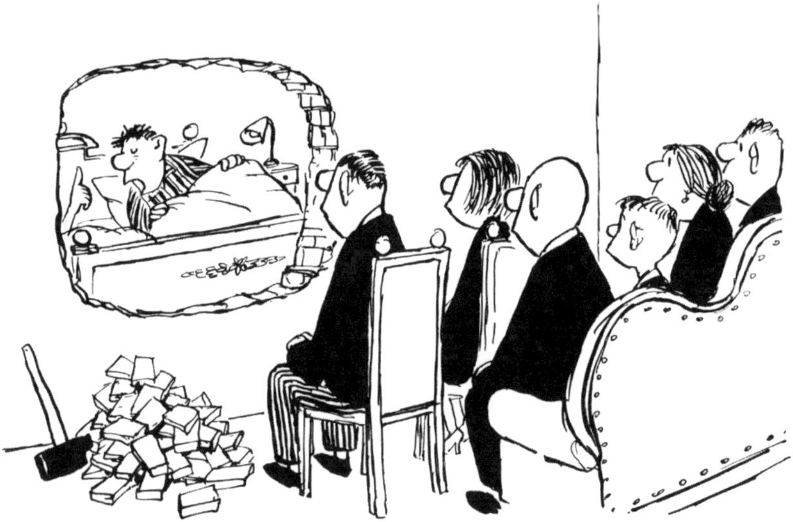

Bewohner von Mehrfamilienhäusern können sich durch eine preiswerte bauliche Veränderung ein ganztägiges Programm verschaffen, das in Bezug auf Fernsehunterhaltung höchsten Ansprüchen genügt.

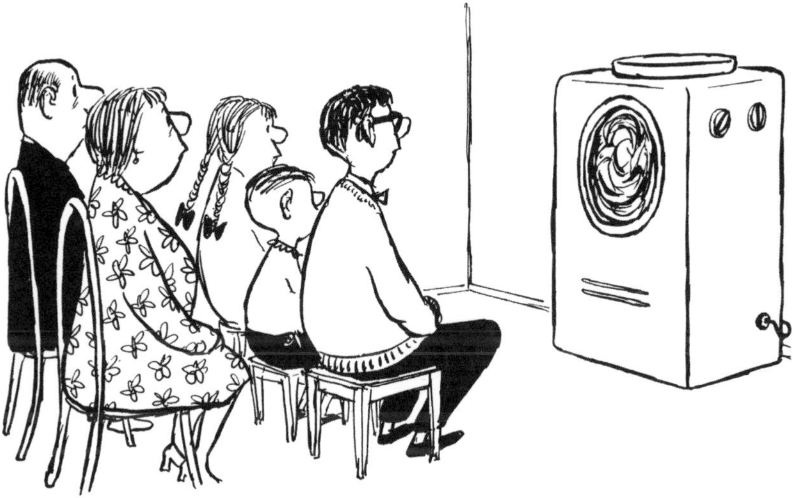

In vielen Fällen ersetzt schon eine Waschmaschine die technischen Feinheiten neuzeitlichen Fernsehstils, wobei sich in bequemer Form das Angenehme mit dem Nützlichen verbindet.

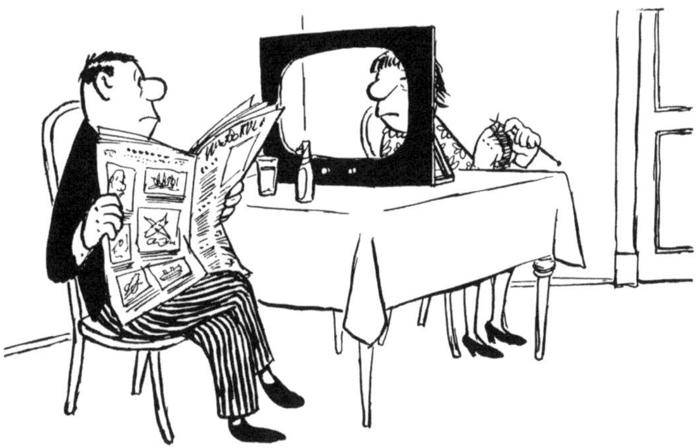

Bescheidenen familiären Ansprüchen genügt eine einfache Laubsägearbeit, die auf ebenso originelle wie eindringliche Weise ein kurzweiliges Abendprogramm vermittelt.

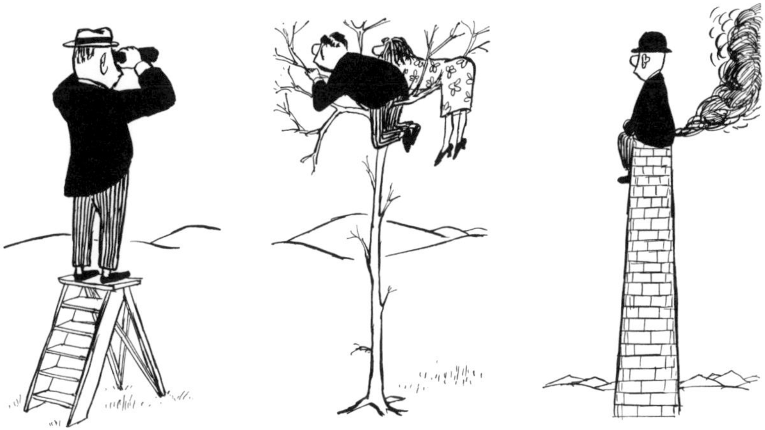

Fernsehfreunde, die weniger Wert auf Häuslichkeit legen,
haben auch im Freien Gelegenheit zu ungetrübtem Fernsehgenuss.

RAUMPFLEGE

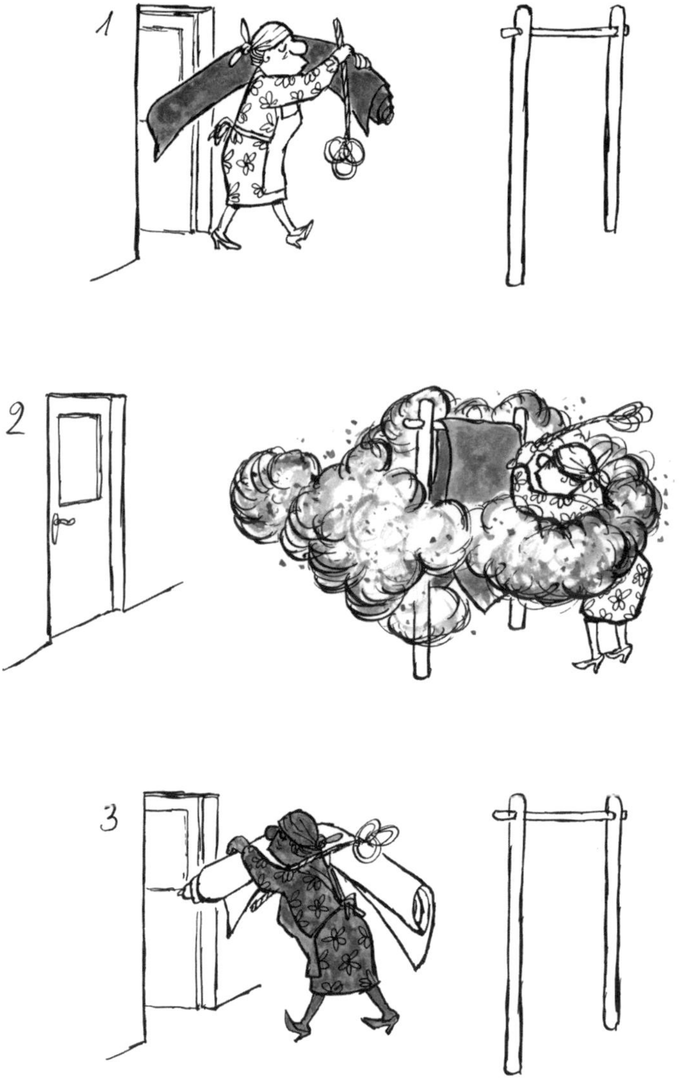
1
2
3

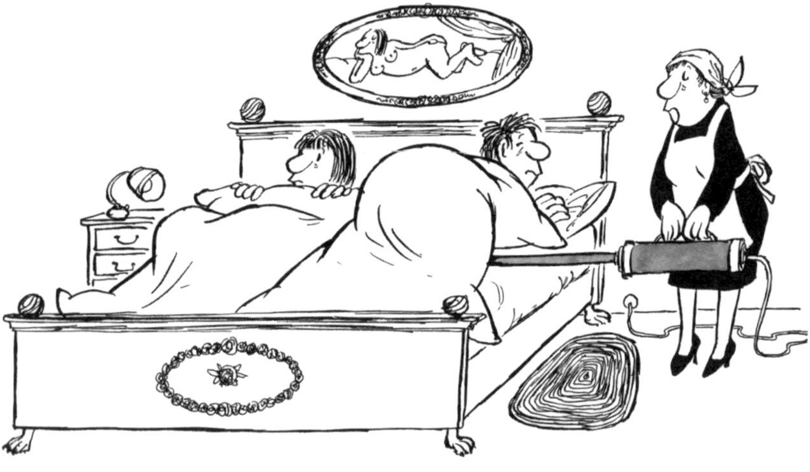

»Die Frühstückskrümel müssen ja auch mal raus!«

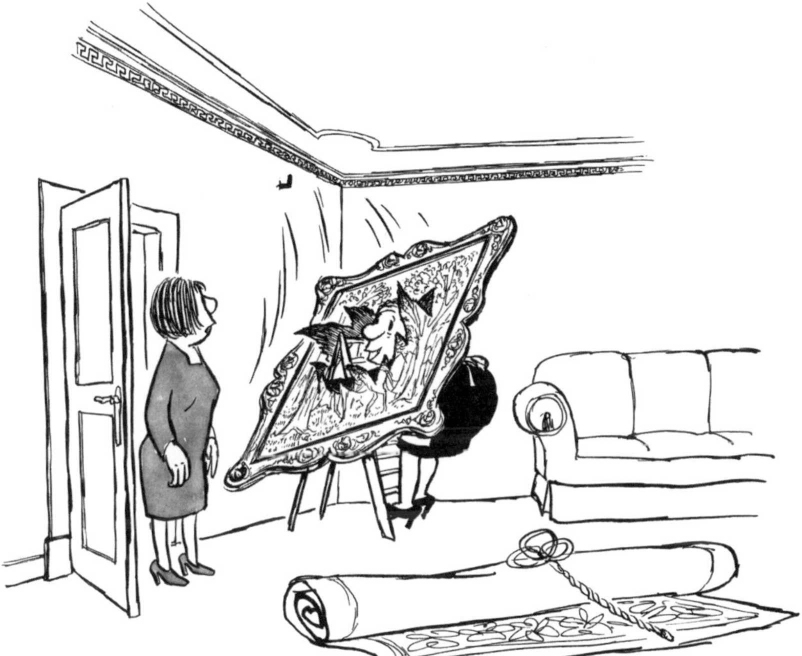

»Kuckuck!«

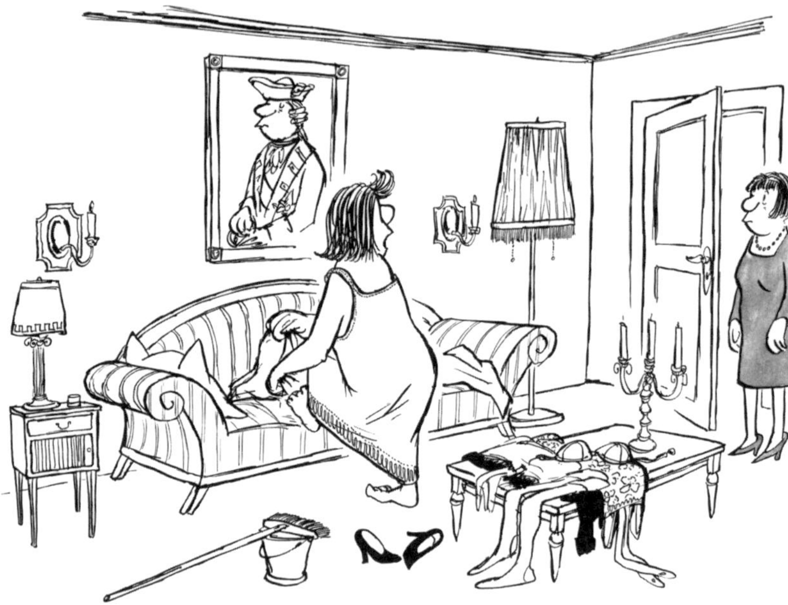

»Ne Stunde Mittagsruhe wird wohl noch drin sein …«

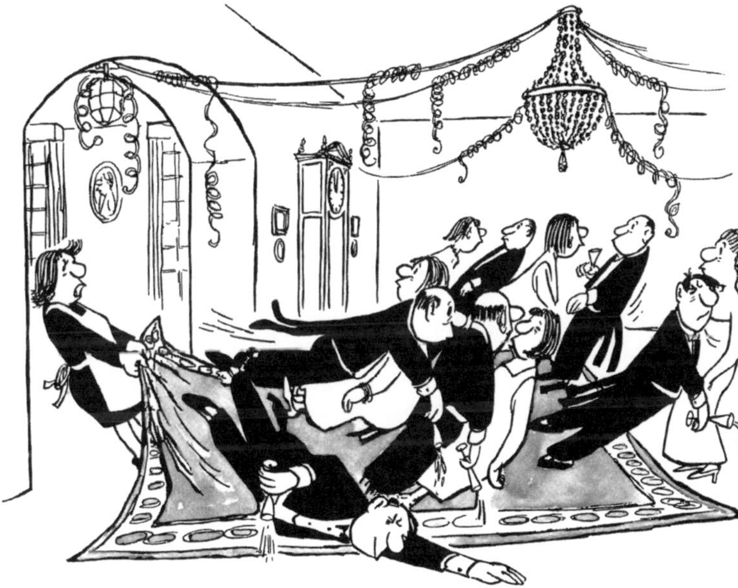

»Den habe ich heute Morgen gesaugt!«

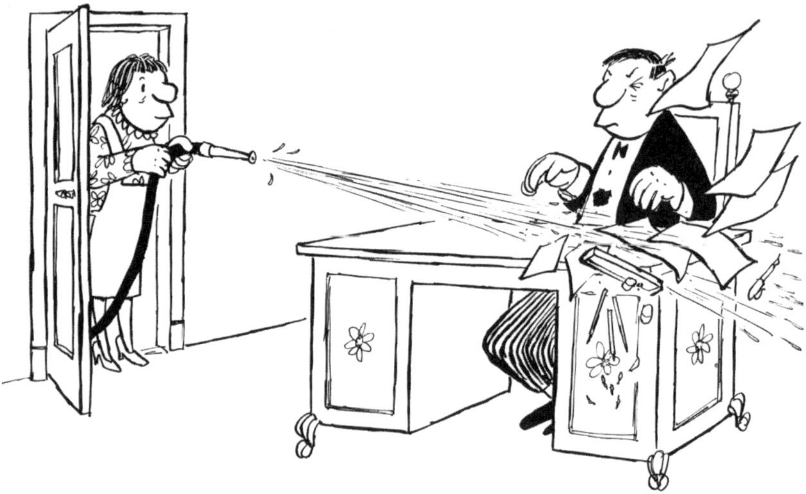

Männer zeigen häufig wenig Verständnis für das mit dem Frühling verbundene Großreinemachen. Hausfrauen mit zielsicherem Instinkt für Gemütlichkeit und praktische Heimpflege finden jedoch stets den richtigen Weg zu behutsamer Erziehung des widerstrebenden Gatten.

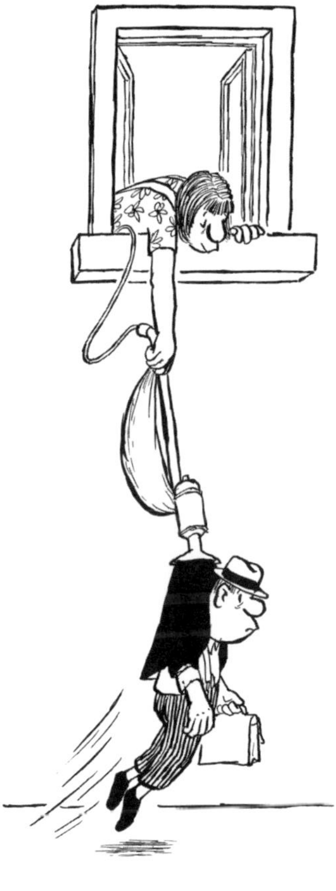

Susanne F. besitzt einen Staubsauger mit allen Raffinessen
eines arbeitssparenden Haushaltsgerätes.

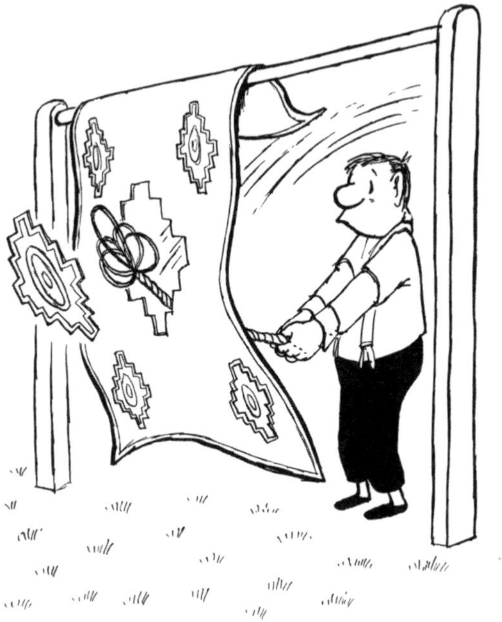

Schon nach kurzer intensiver Behandlung mit einfachen Mitteln kommen die farbenfrohen Muster Ihrer kostbaren Perserbrücke ganz anders heraus.

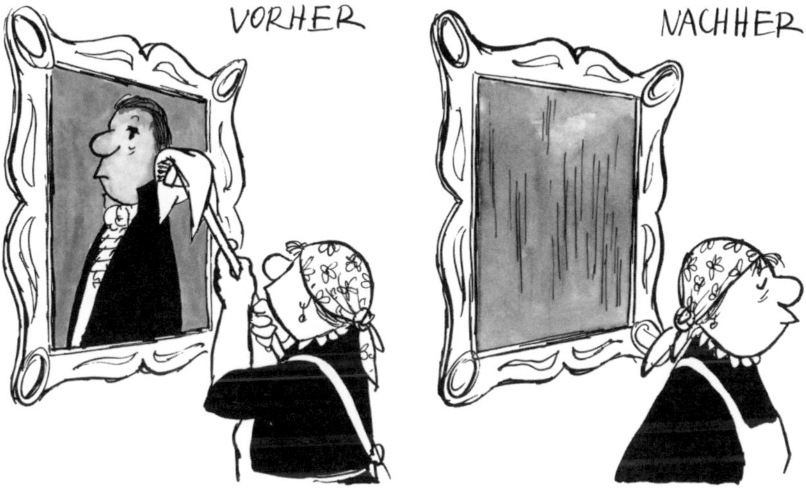

Für nachgedunkelte Ölgemälde (auch alter Meister) empfiehlt sich ein halber Liter handwarmer Seifenlauge mit einem Schuss Salzsäure. In wenigen Augenblicken wirkt die meist guterhaltene Leinwand wie neu.

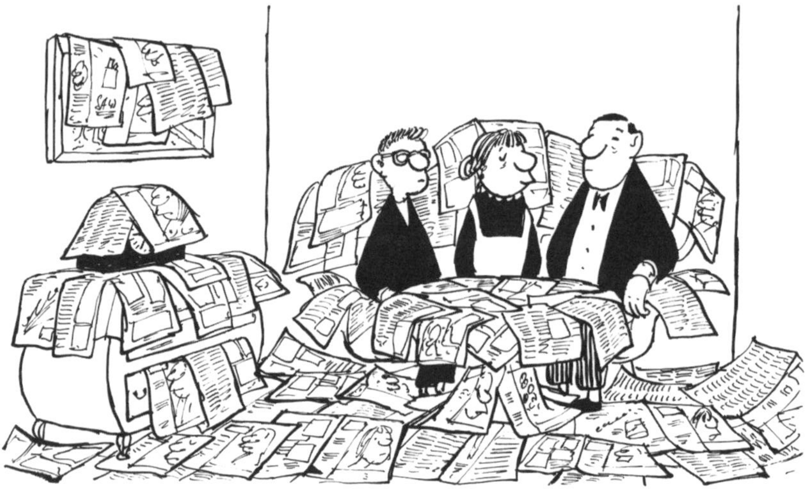

Millionen kluger Hausfrauen erhalten sich monatelang den frischen Glanz ihres Heimes durch sorgfältiges Auslegen von hochwertigen Zeitschriften.

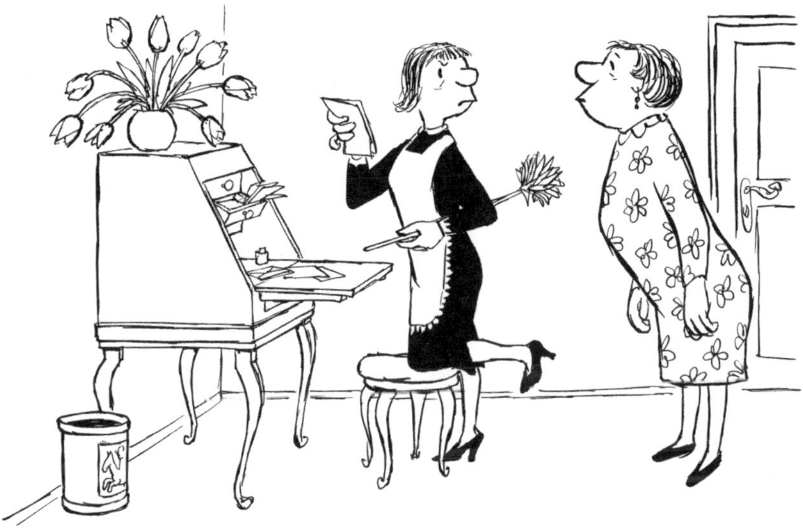

Man blickt der lesenden Hausangestellten nicht über die Schulter, besonders nicht dann, wenn es sich um die eigene Korrespondenz handelt. Hausgehilfen, die lesen, beweisen lediglich geistiges Interesse.

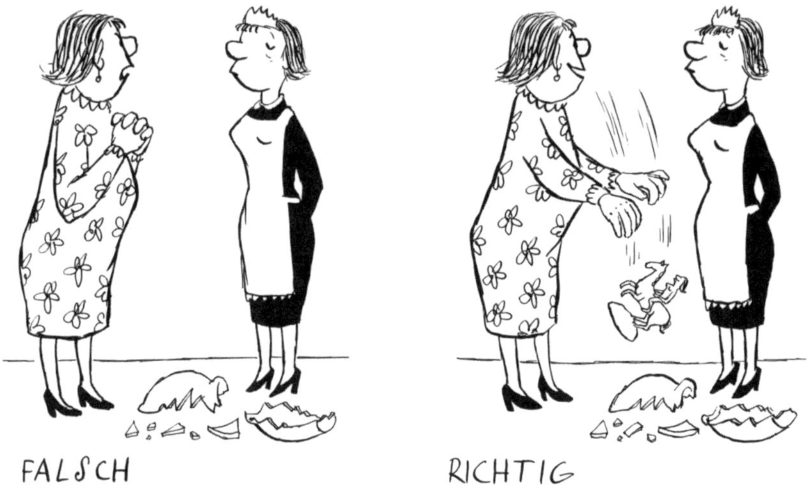

Beweisen Sie bei alltäglichen Missgeschicken, wie wenig Ihnen an materiellen Dingen liegt. Merke: *Personal und Porzellan sind unersetzlich.*

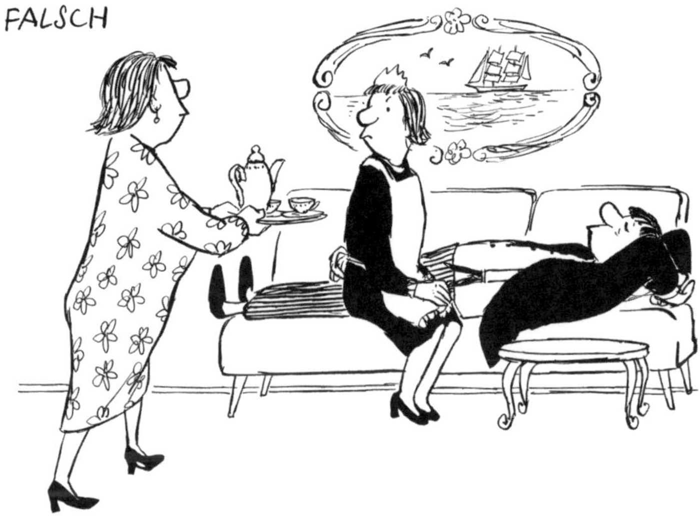

Auch Gäste des Personals sollen sich in Ihren Räumen wohl fühlen. Es ist jedoch davon abzusehen, sie unaufgefordert zu bedienen. Das Mädchen könnte dieses Eindringen in ihren Wirkungskreis als aufdringlich empfinden.

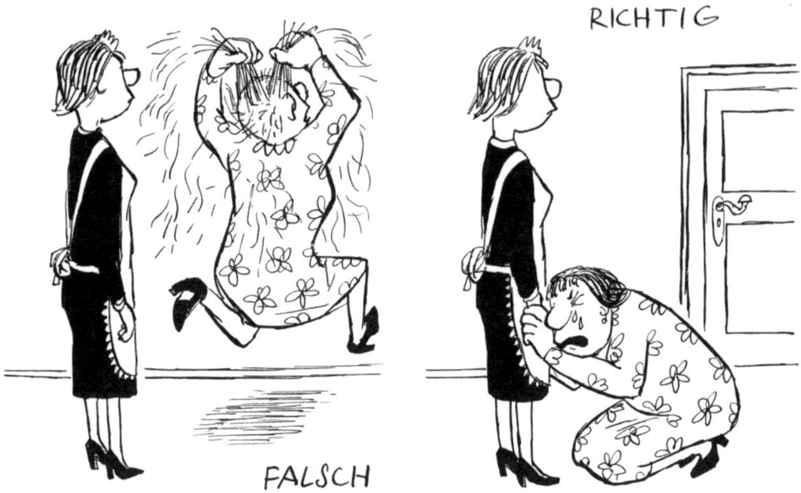

Bei Kündigungen durch das Personal ist es neuerdings üblich, sich in beschämender Hemmungslosigkeit dem Trennungsschmerz hinzugeben. Gerade dann sollten Sie Haltung bewahren, zumal Sie ja die Möglichkeit haben, in würdiger Form Ihren Tränen freien Lauf zu lassen.

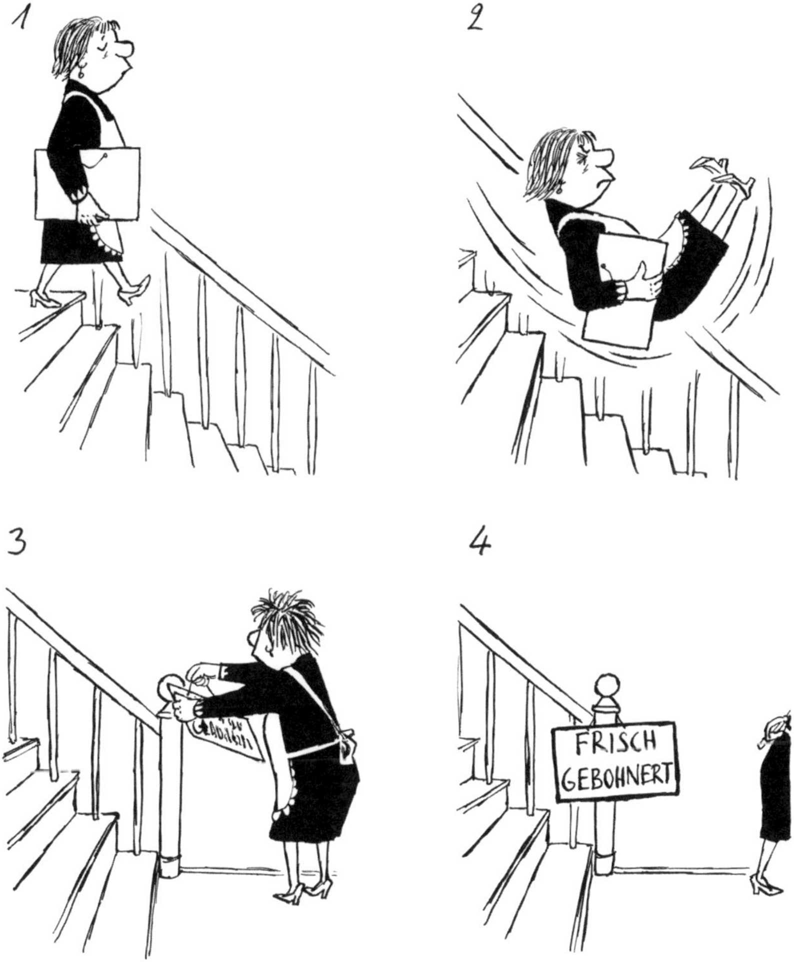
FRISCH
GEBOHNERT

UMGANG MIT HANDWERKERN

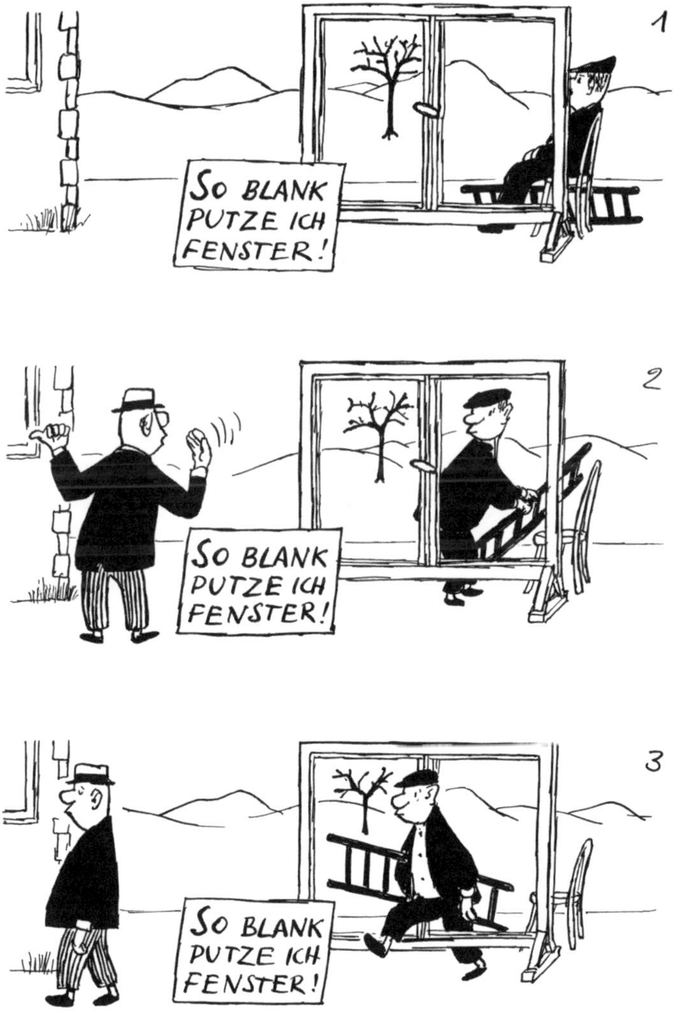
1
SO BLANK PUTZE ICH FENSTER!
2
SO BLANK PUTZE ICH FENSTER!
3
SO BLANK PUTZE ICH FENSTER!

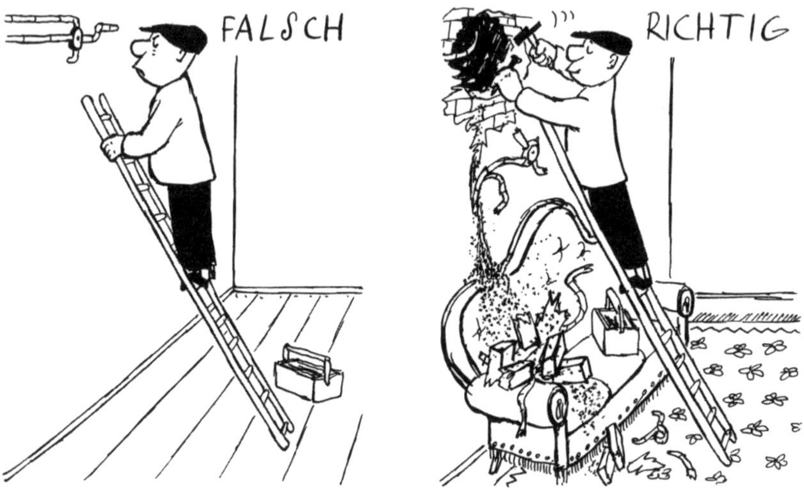

Handwerker lieben Gemütlichkeit. Das Entfernen wertvoller Möbelstücke vor dem Beginn der Instandsetzungsarbeiten ist nicht nur eine grobe Unhöflichkeit, sondern kann auch bei Meister und Gesellen Unlustgefühle hervorrufen, die sich schwer wieder beheben lassen.

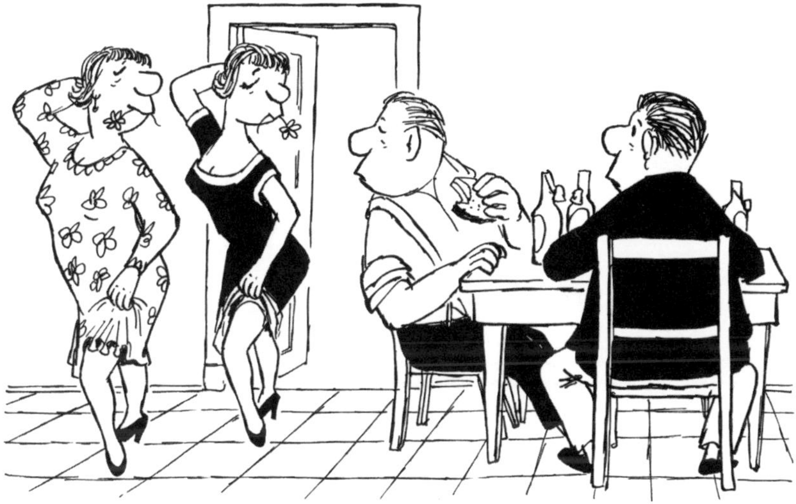

Die Frühstückspause ist das Rückgrat des Handwerks. Kleine Einlagen zur Unterhaltung beleben die Arbeitsfreude und verleihen den weiblichen Angehörigen der Familie das Gefühl der Nützlichkeit.

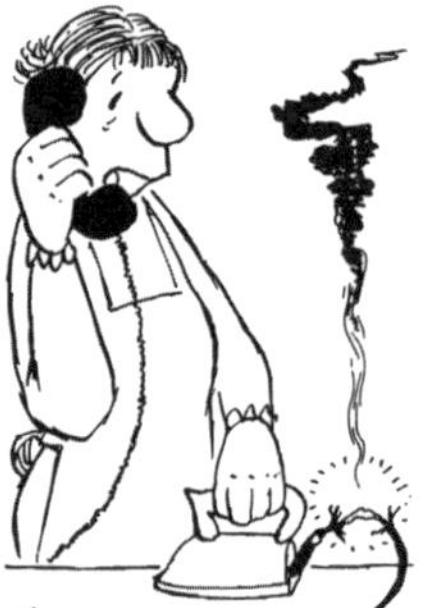

A

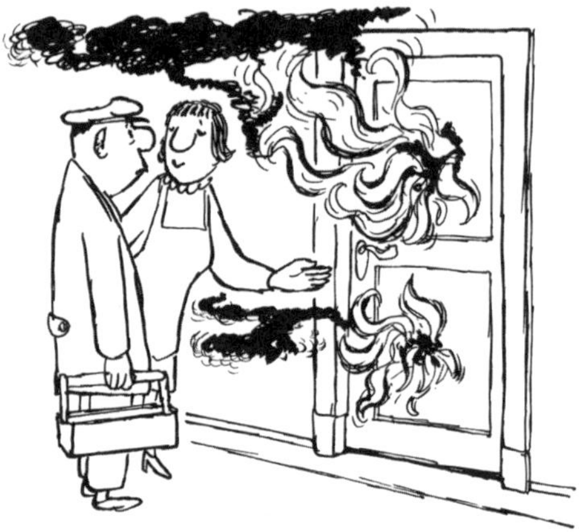

B

Wer Handwerker bei jeder Kleinigkeit ins Haus bemüht, verkennt eigennützig die ernsten Aufgaben dieses Berufszweiges und missachtet das Allgemeinwohl (A). Wenn der Schaden unerträglich zu werden droht, kann man stets mit freudiger Hilfsbereitschaft rechnen (B).

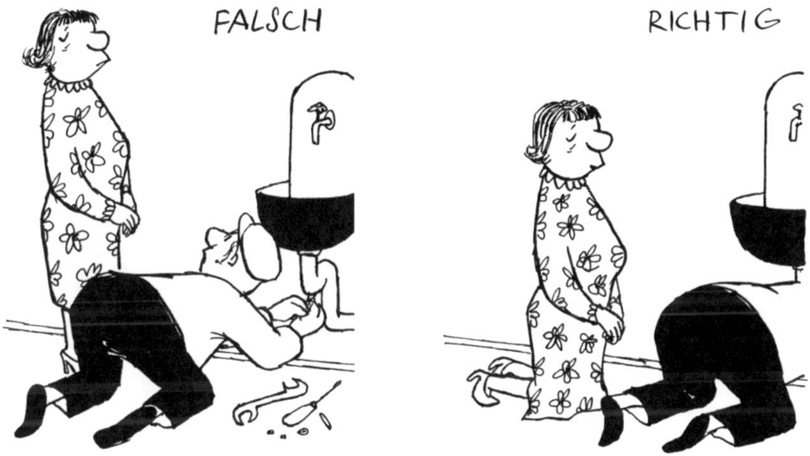

Handwerker, die bei der Ausführung von Reparaturen in die Knie gehen müssen, sehen es ungern, wenn andere herumstehen. Das rechte Bild zeigt, wie einfach Takt mit Anmut zu verbinden ist. Merke: *Auf Knien ist bei Handwerkern viel zu erreichen.*

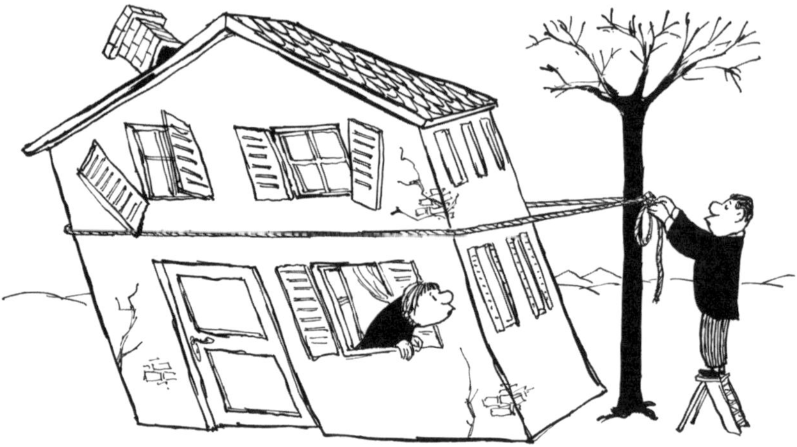

Kleinere Arbeiten, die keine Fachkenntnisse voraussetzen, verrichten Sie am besten selbst, ehe der Schaden größer wird.

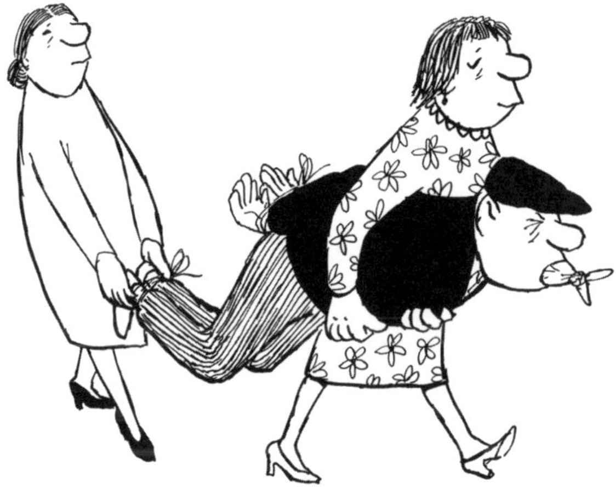

Die Behauptung, Handwerker kämen ungern ins Haus, ist eine grobe Verleumdung. Beherzten Damen mit hausfraulichem Charme können auch Installateure nicht widerstehen.

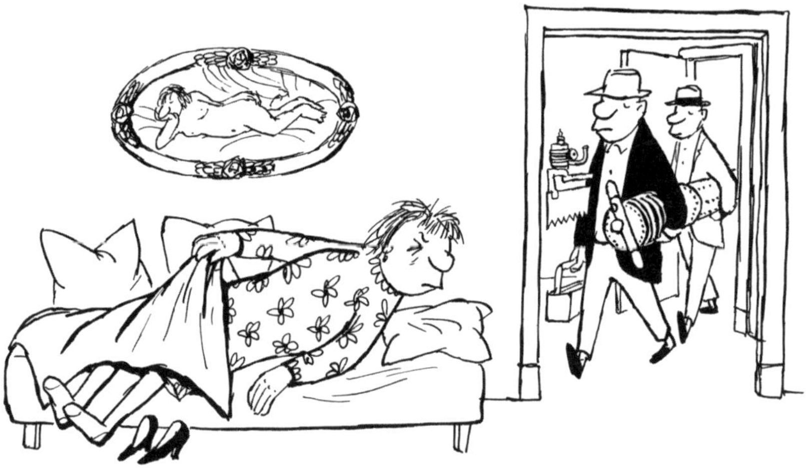

In dringenden Fällen mittags schlafen (zwischen 2 Uhr und 3 Uhr), und schon wird jede erwünschte Reparatur unter Zuhilfenahme modernster Werkzeuge (Presslufthammer, Motorsäge, Dampframme usw.) präzise ausgeführt.

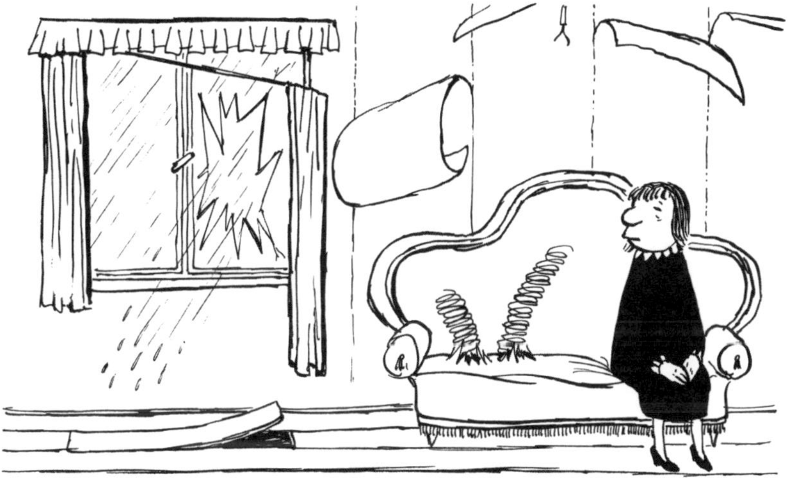

Am besten lassen Sie jedoch alles, wie es ist.
Handwerker bringen nur Unruhe ins Haus.

BRANDSCHÄDEN

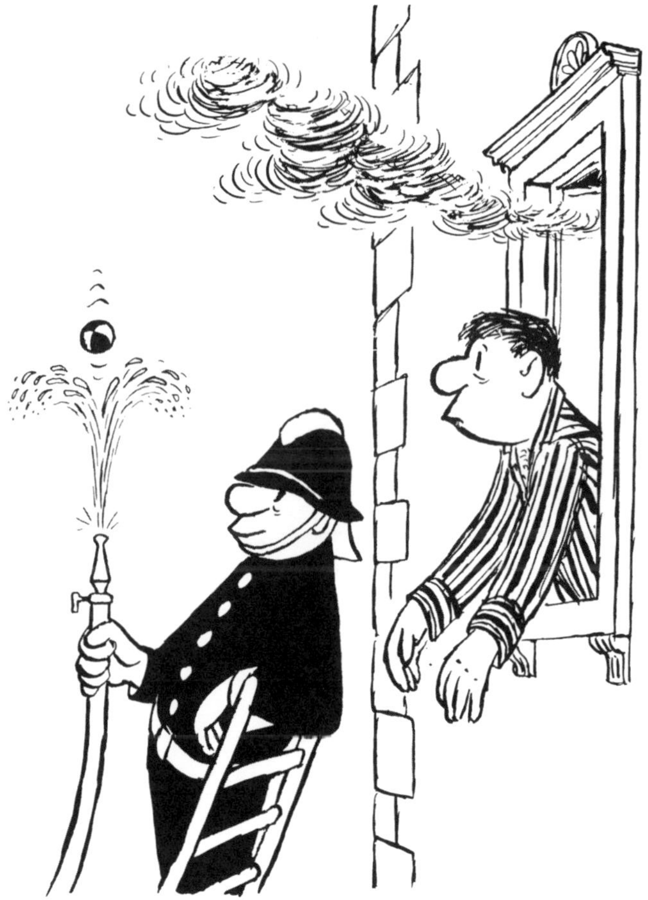

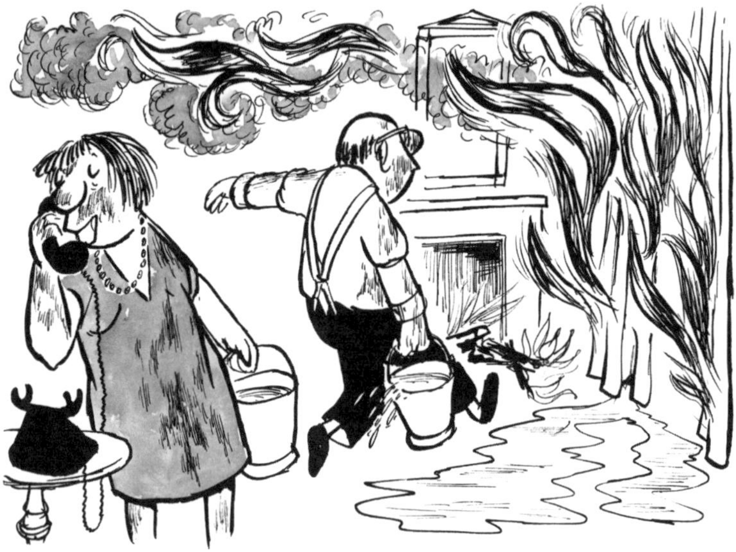

»Du störst überhaupt nicht, Elsbeth – ich habe ja ewig nichts von dir gehört!«

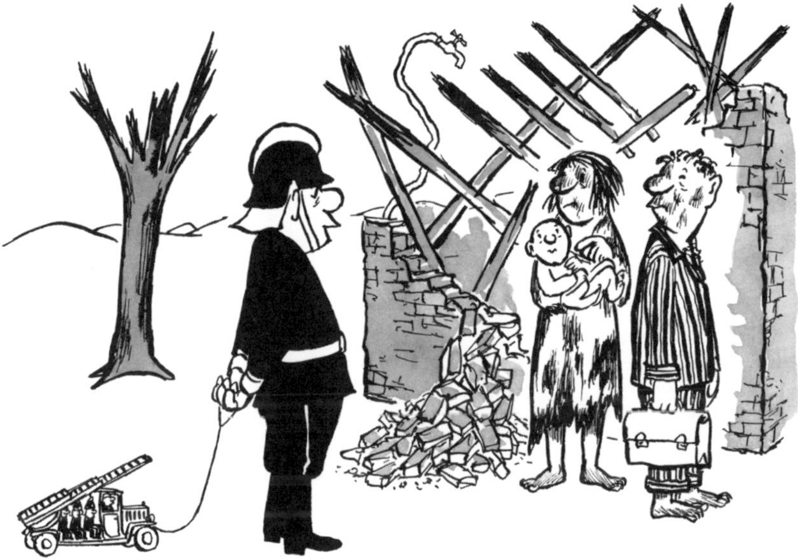

»Na, wo brennt's denn?«

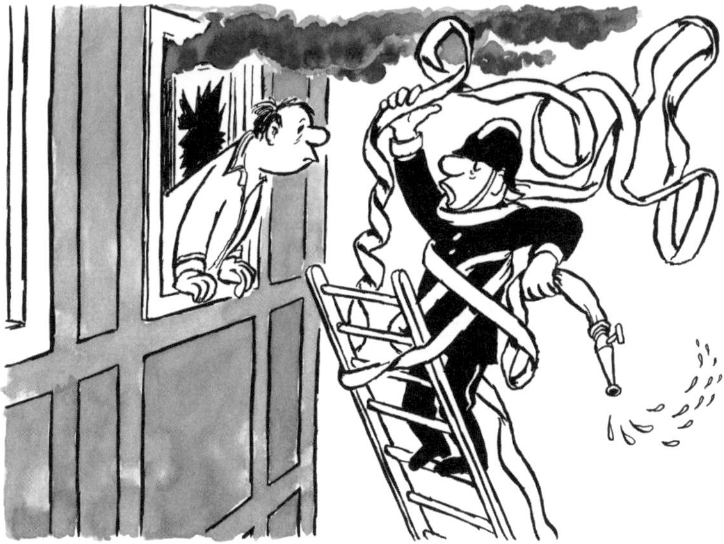

»Das passiert mir nun jedes Mal!«

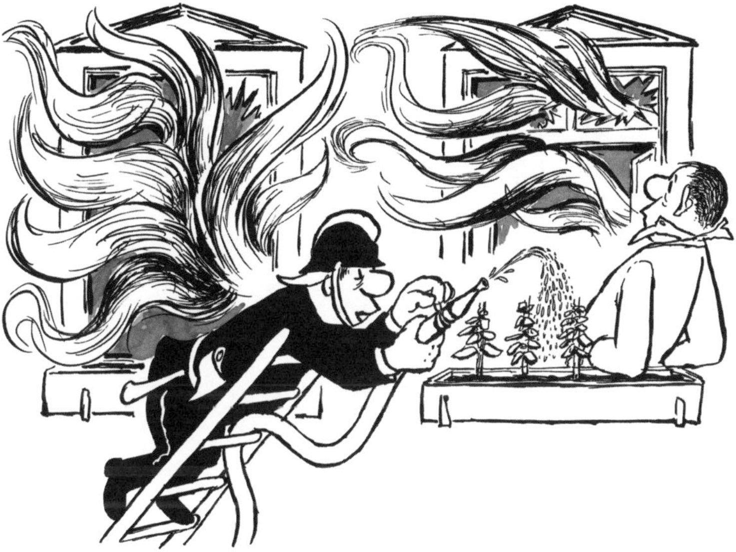

»Tomaten brauchen viel Wasser bei Hitze!«

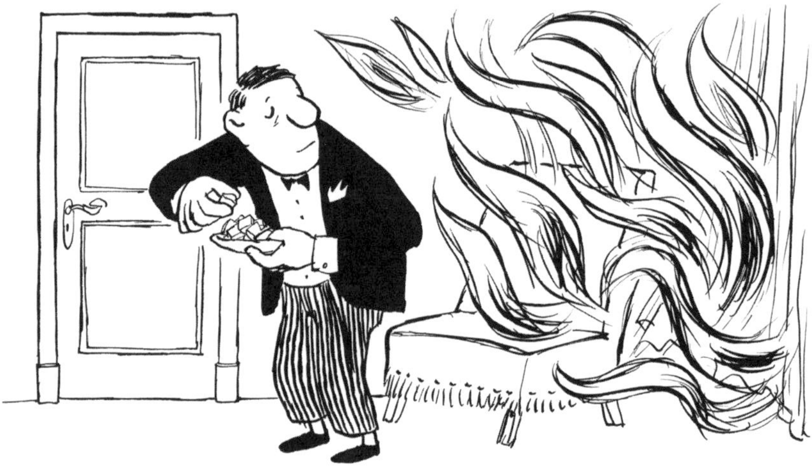

Bei extremer Hitzeentwicklung im eigenen Heim kleine Eisstückchen *langsam* im Munde zergehen lassen.

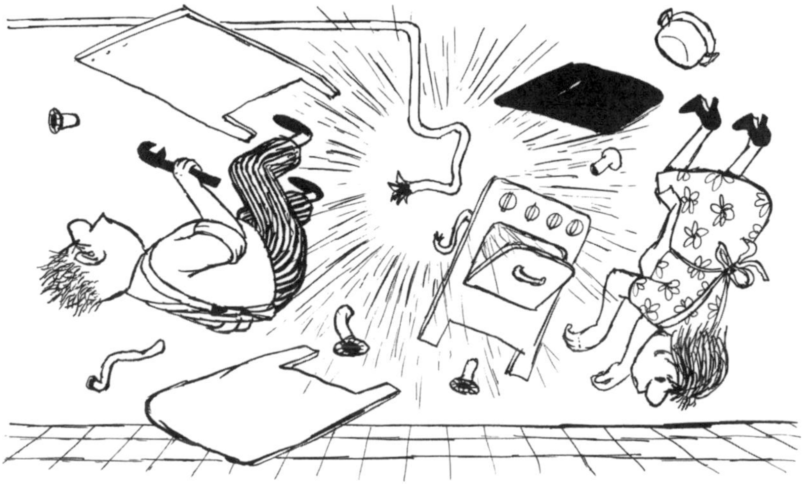

Eigener Herd ist Goldes wert. Nur erfolglose Menschen bedienen sich beim Reparieren desselben fremder Hilfe. Lassen Sie sich durch kleine Rückschläge nicht entmutigen.

WASSERSCHÄDEN

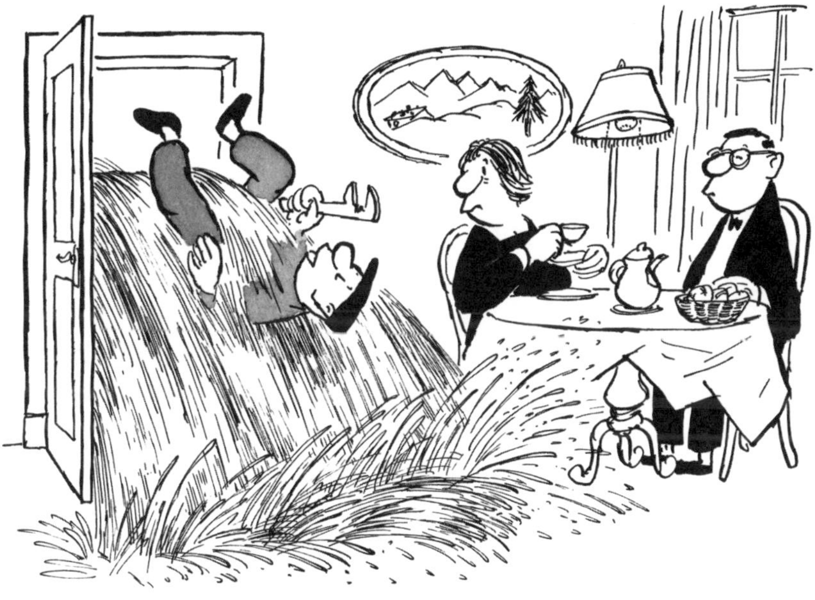

»Der Wasserdruck ist jetzt wieder normal …«

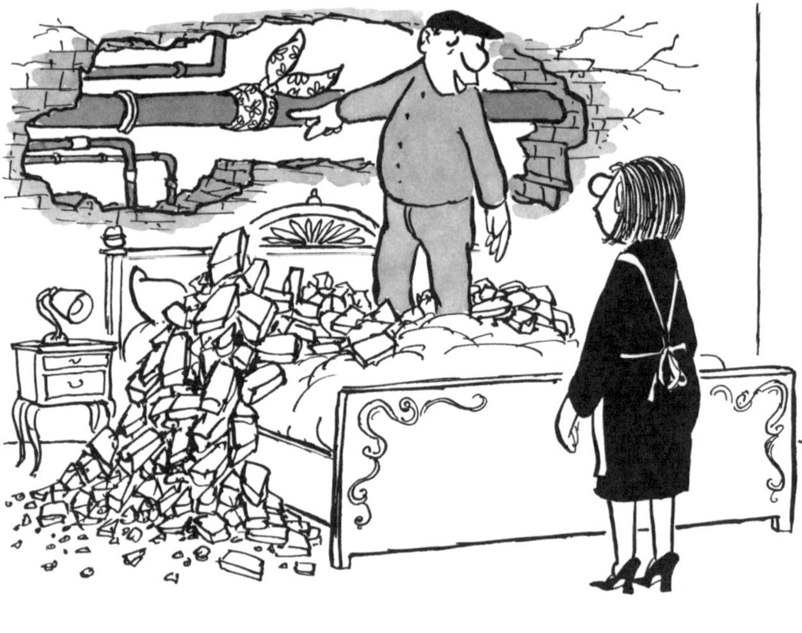

»Es hält dicht und bietet auch was fürs Auge.«

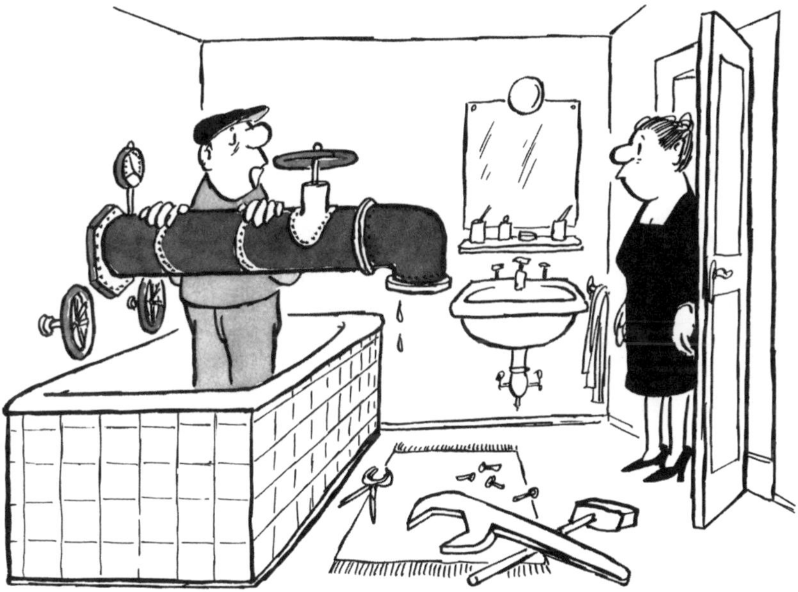

»Dieses Modell ist nicht ganz billig, aber dafür ist die Wanne in 12 Sekunden voll.«

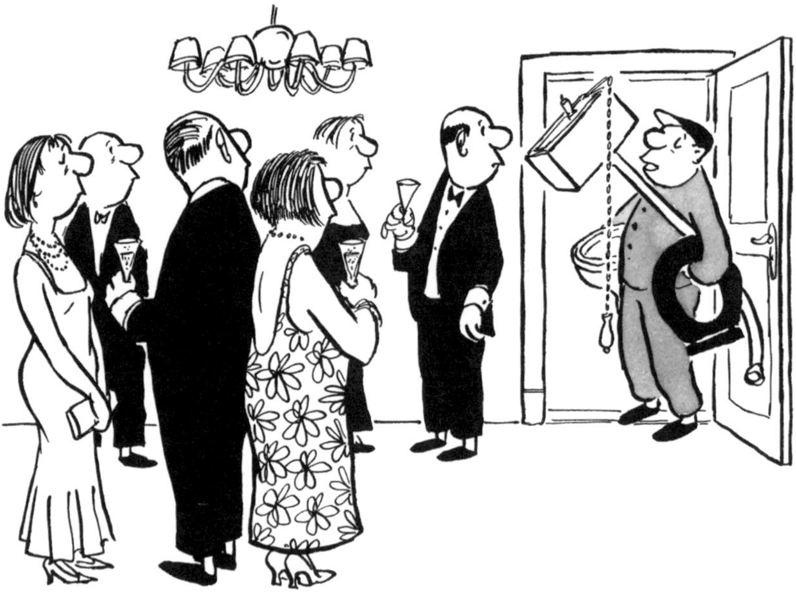

»Ich nehme es mit in die Werkstatt – und Ende nächster Woche haben Sie es wieder …«

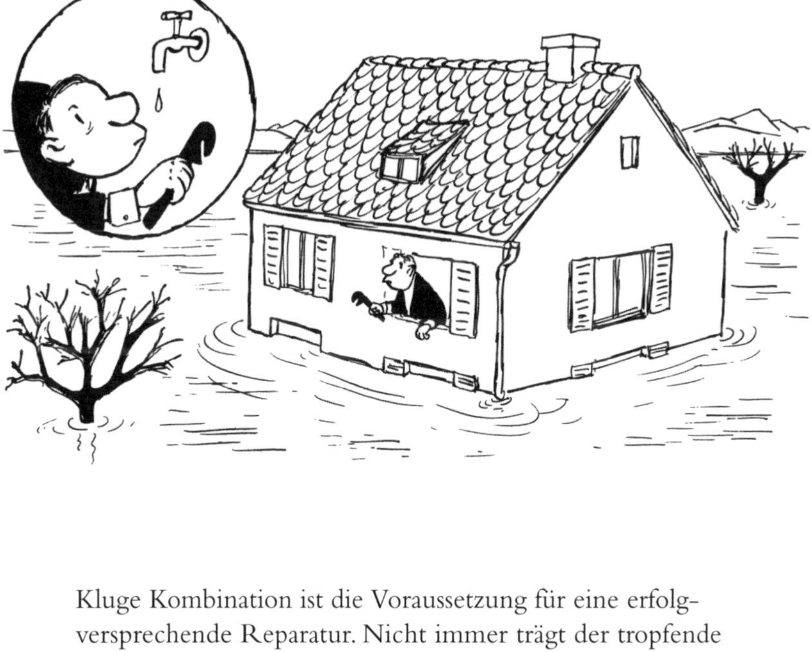

Kluge Kombination ist die Voraussetzung für eine erfolgversprechende Reparatur. Nicht immer trägt der tropfende Wasserhahn die Schuld an ungewohnter Feuchtigkeit im Hause. Merke: *Ein Blick aus dem Fenster erspart oft sehr viel Arbeit.*

UMGANG MIT EINBRECHERN

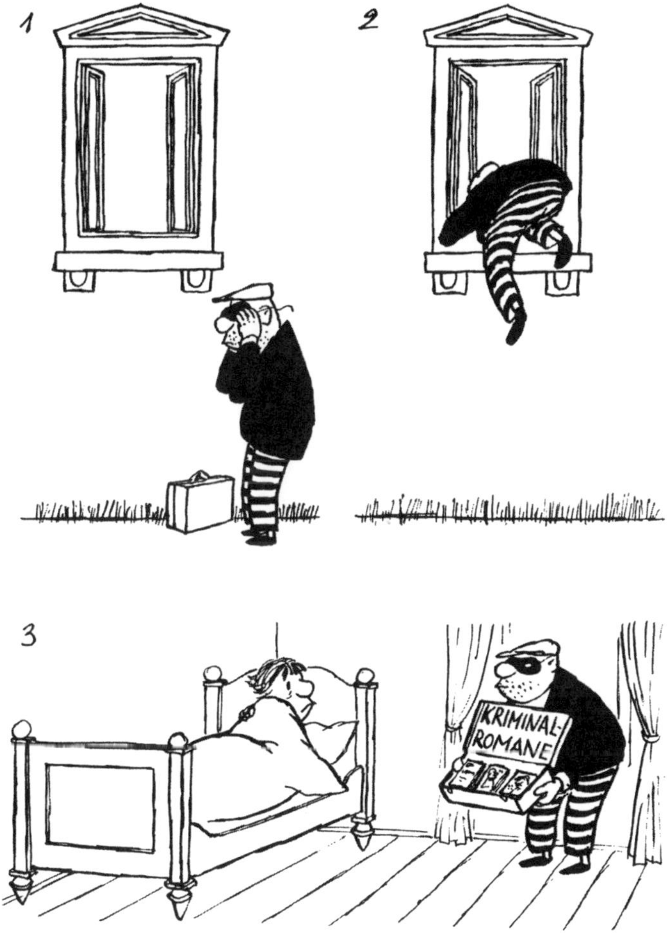
1
2
3
KRIMINAL-
ROMANE

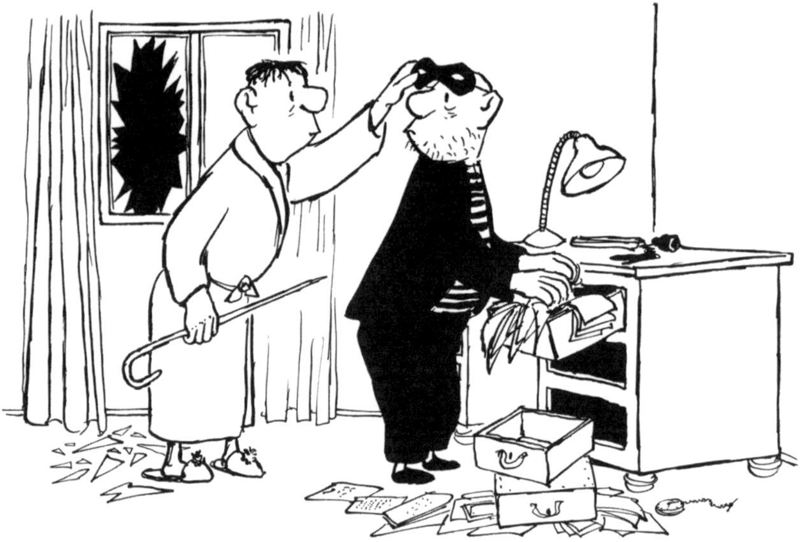

Vor dem Entschluss zu rohen Maßnahmen sollte man sich vergewissern, ob es sich nicht um einen Bekannten und dessen scherzhaften Einfall handelt.

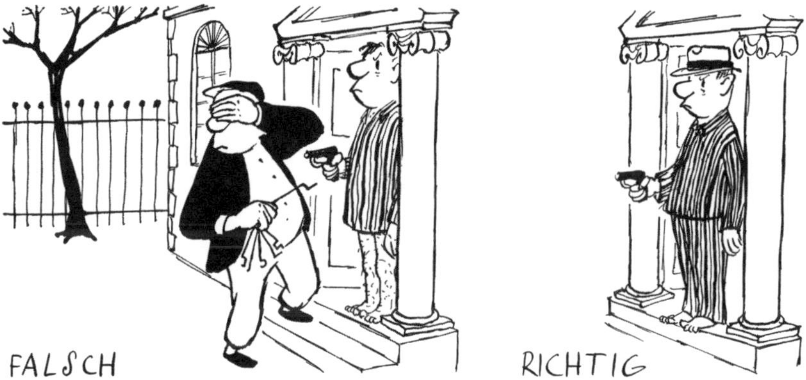

Einbrecher mit verletztem Schamgefühl sind von großer Gefährlichkeit. Der drohende Verlust von Privateigentum berechtigt nicht zum Auftritt in unkorrekter Kleidung.

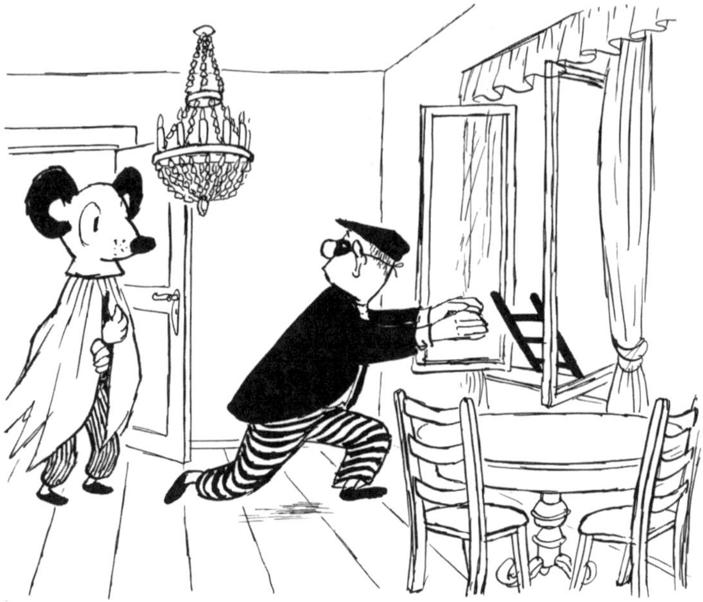

Einbrecher zu erschrecken führt häufig zu psychischen Schäden der Erschreckten und kann in schweren Fällen dauernde Berufsuntauglichkeit zur Folge haben. Merke: *Einbrecher sind Menschen wie Sie und ich.*

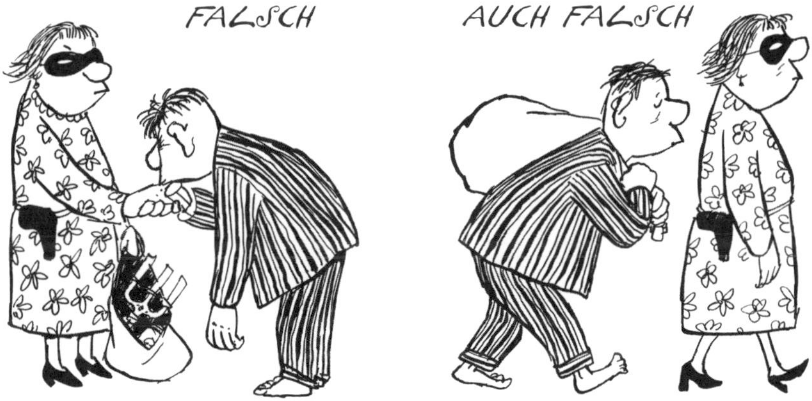

Auch bei weiblichen Einbrechern gelten die besprochenen Grundsätze. Darüber hinaus entfallen die sonst Damen gegenüber gebräuchlichen Umgangsformen.

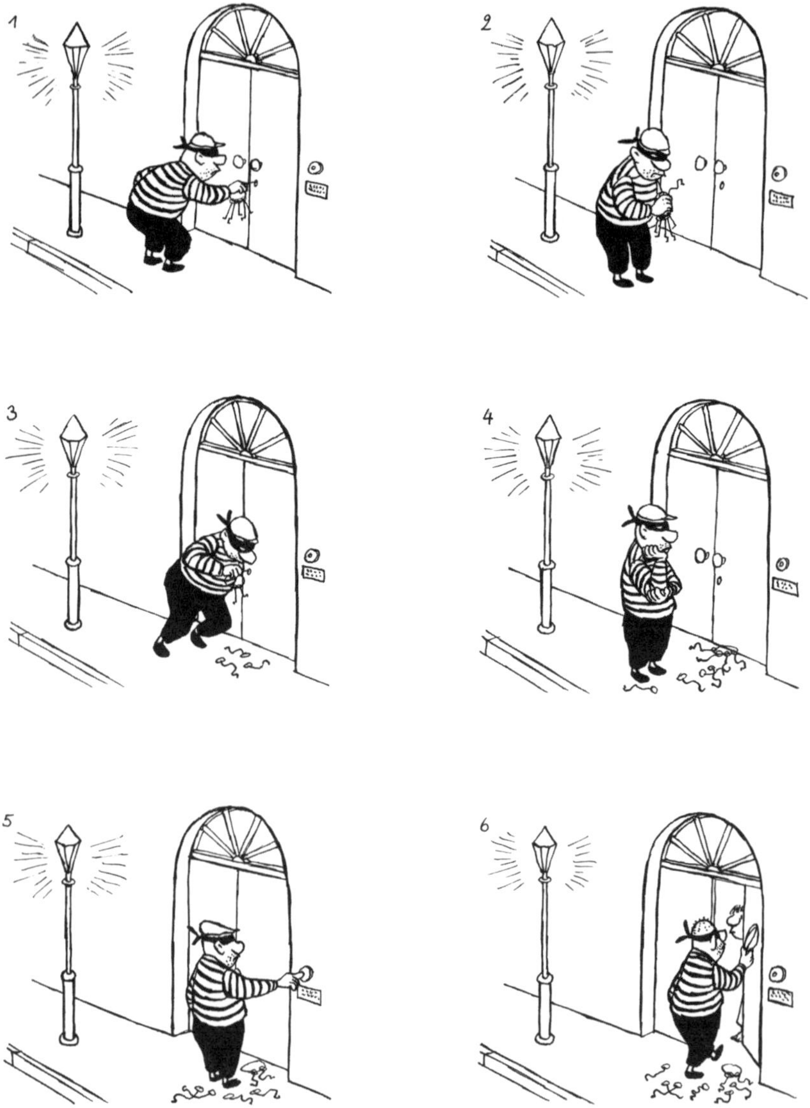

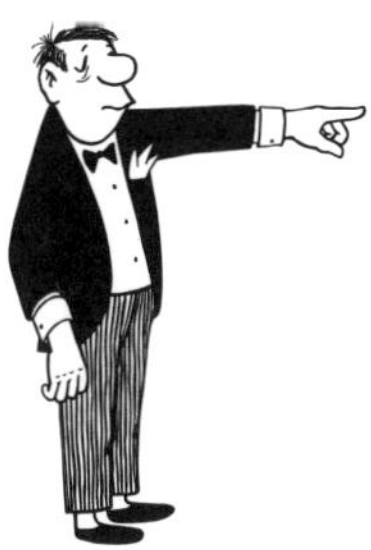

WEITERE BÄNDE IN DIESER REIHE

REISEN
MIT LORIOT

ZURÜCK ZUR NATUR
MIT LORIOT

KOCHEN & GENIESSEN
MIT LORIOT

DURCHS JAHR
MIT LORIOT

WEIHNACHTEN
MIT LORIOT

SCHÖNER LEBEN
MIT LORIOT

KINDERFREUDEN
MIT LORIOT

DURCH DIE WOCHE
MIT LORIOT

FREIZEIT
MIT LORIOT